杜芳 贾艳艳 杜静静 ◇著

U0745861

用心点亮爱的火焰

——浅谈学前教育管理和实践经验

管理是实践，本质不在于"知"而在于"行"

验证在于成果，唯一权威就是成就

九州出版社
JIUZHOUPRESS

图书在版编目（CIP）数据

用心点亮爱的火焰：浅谈学前教育管理和实践经验 /
杜芳, 贾艳艳, 杜静静著. -- 北京：九州出版社, 2019.9
　　ISBN 978-7-5108-8324-8

　　Ⅰ.①用… Ⅱ.①杜… ②贾… ③杜… Ⅲ.①学前教
育—教育管理—研究 Ⅳ.①G61

　　中国版本图书馆CIP数据核字(2019)第210671号

用心点亮爱的火焰：浅谈学前教育管理和实践经验

作　　者　杜　芳　贾艳艳　杜静静　著
出版发行　九州出版社
地　　址　北京市西城区阜外大街甲35号（100037）
发行电话　（010）68992190/3/5/6
网　　址　www.jiuzhoupress.com
电子信箱　jiuzhou@jiuzhoupress.com
印　　刷　河北盛世彩捷印刷有限公司
开　　本　710毫米×1000毫米　16开
印　　张　14
字　　数　220千字
版　　次　2020年10月第1版
印　　次　2020年10月第1次印刷
书　　号　ISBN 978-7-5108-8324-8
定　　价　45.00元

前　言

　　学前教育管理学作为教育管理学的分支学科，是研究学前教育管理现象及其规律的一门学科。加强学前教育管理学的研究与学习，可以帮助我们掌握基本管理理论和教育理论，联系新时期学前教育事业改革和发展中遇到的新要求、新问题，引导我们理清发展方向和管理思路，积极探索科学的管理策略，不断提升管理能力，推动学前教育机构保教质量的提高，进而促进我国学前教育事业可持续健康发展。

　　从篇章结构的设计到具体的章节内容、概念、观点，尽可能符合学前教育管理学学科体系的内在逻辑性和严密系统性，帮助学习者形成完整和准确的知识结构，提高实践性和操作性。在注重理论阐述严谨性的基础上，还注重教材的可读性、可操作性。

　　本书通过作者多年具体管理和实践经验与读者分享，借此推动和助力学前教育事业更多发展，在编写过程中参阅了大量相关学科文献，并引用了前人的研究成果，在此一并表示感谢。

C目 录
CONTENTS

第一章

学前教育管理学理论

第一节　管理与管理学

一、管理概述

（一）管理的定义

1.管理的定义

纵观中外管理学家关于管理的阐述，提出了不同的见解。有代表性的观点：

最早提出管理概念的是法约尔："管理是所有的人类组织都有的活动，这种活动由计划、组织、指挥、协调和控制五项要素组成。管理实行计划、组织、指挥、协调和控制。"

孔茨提出："管理是设计和保持良好的环境，使人高效率地完成既定目标。"

泰勒认为管理就是确切地知道要别人去做什么，并使他用最好的方法去干。

彼得·德鲁克说管理是实践，本质不在于"知"而在于"行"，验证在于成果，唯一权威就是成就。

综合上述观点，管理是管理者为了实现组织目标，把机构拥有的人力、物力、财力运用起来，达成机构目的的活动。

定义包含：

（1）管理是人类社会有目的、有组织的活动

有了人类社会，就有管理。管理源于人类社会的共同劳动。为了生存组成群体形成共同的社会组织，借助于集体的力量达到成员共同的目标。马克思说管理是社会共同劳动的产物。

（2）管理的目的是求取最高的效率

任何领域的管理活动都为高效实现管理目标，使组织以少的资源而多地完成预期的目的。马克思说管理使受分工制约的人的活动产生了集体力量，这是"扩大了的生产力"。

（3）管理的本质是协调

管理活动涉及方方面面，包括人、财、物等，为使组织系统运转有效，必须

对上述对象进行协调、整合。管理的本质是协调，贯穿于整个过程。管理中，管理者要审时度势，分析应对新的环境变化，协调各种力量和因素。

（4）管理应以人为核心

管理要通过受分工制约的个人的活动，创造出比各个活动量总和大的集体力量。管理的重点在于建立分工合作。组织成员间有多样人际关系，管理者需激发和调动组织成员工作的积极性，以提高工作效率。

2.管理与相关概念辨析

（1）管理与行政

从狭义看，行政就是履行公务，它与国家和政府的职能密切联系，从此角度分析，管理与行政有区别。实际生活中，人们把内部管理活动都称为行政，从广义看行政，行政不只局限于国家，行政和管理间没有本质区别。行政与管理在一定意义上是同等概念。"管理"应用于工商企业中，指企业的组织等。随着工商企业的管理经验的推广，"管理"也被列入国家行政领域。

（2）管理与经营

经营是商品经济特有的范畴，是商品生产者的职能。生产者对市场、材料等选择，对消费者、竞争者的研究等属于经营活动。从产生过程看，管理是劳动社会化的产物，经营是商品经济的产物；从应用范围看，管理适用于一切组织，经营适用于企业；从目的看，管理旨在提高组织效率，经营以提高经济效益为目标。

（3）管理工作与业务工作

管理工作和业务工作虽然都是为实现目标而进行的，但还是存在区别。业务工作可直接达成目标，管理工作是促使达成组织目标的手段，缺少任何都无法实现组织目标。以学前教育机构为例，集体教学和游戏活动属业务行为，园所设置合理的组织机构、制定规章制度等则属于管理行为。管理工作是以控制他人更好地完成工作任务为特征，高效的管理可以保证工作的有序进行。

（二）管理活动的特性

1.管理为双重性

（1）管理的自然属性

管理的自然属性反映了人与自然的关系。社会化大生产发展要求生产过程中做到井然有序，以获得最大的活动效益，管理的自然属性为管理具有合理组织生产力。这是社会化生产所共有的，不会随生产关系的变化而变化。各种社会化生产的先进管理方式和方法经过科学总结和提升，成为人类共同的财富。

（2）管理的社会属性

管理的社会属性反映了人与人之间的关系。因管理是在生产关系状态中进行，受生产关系和社会关系及社会制度所制约，所以，管理是同生产关系、社会制度相联系的。

管理的社会属性表现为维护生产关系与上层建筑的管理职能，管理的目的、内容等均取决于社会形态的性质。其中，经济关系是决定性的，所有制关系规定着管理特有的社会性质和管理的目的。

管理的社会属性还表现在受历史文化传统的影响。人类社会的组织处在社会背景中、具体的民族中。不同国家有其不同的地理人文环境、历史文化等，管理也表现出不同的特点、模式和风格。

2.管理对象的多方位性

管理活动指向的对象涉及人、财、事、时间等方面。对人的管理目的是人尽其才；对财产的管理目的是开源节流；对物的管理是物尽其用；对信息的管理是全面掌握讯息；对事的管理是完成任务；对时间的管理是谋求速度；对空间的管理是充分利用空间和有关的社会因素。

3.管理的科学性和艺术性

管理的科学性决定了管理活动必须接受管理理论的指导，以管理的基本规律为行动指南。但由于管理活动对象、情景条件及管理过程的复杂性，管理者必须懂得如何在变化着的管理实践中对管理理论加以具体分析，懂得针对现实及管理与被管理对象的特点对科学规律进行灵活巧妙运用，不断求新求变，才能够取得更好的效果，这正是管理者管理艺术水平高低的体现。

科学性和艺术性管理是统一的。科学是艺术性的前提，艺术性是科学性的突破，两者能相互转化。管理活动科学性与艺术性的统一，它给管理者指明了一个行动方向，只有将两者有效地结合，管理者才能运筹帷幄。

4.管理技术手段和方式的现代性

由于生产力的限制，19世纪以前人类在生产过程中的管理属于家族式的专制管理，管理凭借的是个人的经验；随着近代大工业的发展和生产力水平的提高，19世纪末到20世纪中期，管理逐步走向科学化，科学管理取代专制管理；伴随着信息技术和知识革命的到来，20世纪后期到21世纪，管理开始呈现出民主管理的特征，越来越重视人的作用，民主参与决策逐渐成为普遍且行之有效的管理手段。时代在发展，管理方式也在不断变化。

（三）管理的职能

管理职能是管理活动具有的职责和功能，它体现了管理实践的基本程序。

最早提出管理职能概念的是法约尔，将管理职能分为计划、组织、指挥、协调和控制。在此基础上，其他管理学家提出的管理职能有用人、沟通、监督、创新等。我国周三多认为管理活动的最基本职能是：

1.计划职能

计划职能：管理者确定组织未来发展目标及实现方式，对未来的活动进行规定的管理活动。计划是管理工作的基础，是首要且重要的职能。

在管理过程中，管理者应依据环境条件需求，制订计划方案，包括目标的确定和时序的安排。

2.组织职能

组织职能：按规则和程序建立组织机构，协调相互关系，将组织内部各要素连接成有机整体。

计划的实施依赖于成员的合作，所以，组织职能是管理活动的根本职能。

管理过程中，职能体现在：

依据组织目标设置机构，合理地选择和配备人员，制定各项规章制度，建立组织系统。

按实现目标的计划和进程，合理组织人力、物力、财力，取得最佳效益。

协调处理各种关系，如处理好管理层次与管理宽度的关系等，保证目标的落实。

3.领导职能

领导职能：在组织目标、结构确定的情况下，管理者如何激励成员达到组织目标。

因组织成员在性格、工作职责等方面存在很大差异，不同个体必然会产生各种矛盾，需要有权威的领导者指导人们的行为，统一成员的思想和行为。计划与组织职能的发挥需要领导职能贯穿在整个管理活动之中。

领导职能体现在：

指导他人活动，通过他人实现领导者想法。

运用影响力激励员工，以促成组织目标的实现。

创造共同的文化和价值观念，与组织成员沟通。

解决成员的冲突和矛盾，形成统一的组织力量。

4.控制职能

控制职能是按既定的目标，对组织的各种活动进行监督，使工作能按照计划进行。

组织成员在执行计划过程中，常会出现计划的偏离，为保证目标实现，要有控制职能。控制职能贯穿管理过程的各个环节、方面和层次。

控制职能要求管理者：

根据任务确立标准。确立的标准——规定具体明确的目标及工作标准，是指导的方向，是检查衡量的依据。

及时取得计划执行情况的信息，将有关信息与标准进行评估。

采取有效措施厘正偏差。依据标准，发现问题要分析原因，或对计划予以调整，保障计划顺利实施。

妥善处理授权与检查监督的关系；最大限度地预防个体和事态失控的局面。

5.创新职能

人类社会生活及科学技术的迅猛发展，管理活动不断出现新情况，如果因循守旧，就无法应付新形势的挑战，创新职能自然成为管理过程的重要职能。

各项管理职能都有独有的表现形式：计划职能根据目标的制定确定表现；组织职能通过设置组织机构和配备人员表现；领导职能根据领导者和被领导者的关系表现；控制职能根据偏差和纠正表现；创新职能与上述管理职能不同，在与其他管理职能的结合中表现自身的存在。

管理的基本职能是计划、组织、领导、控制和创新，各自发挥独特的功能，但并不是割裂分开的，在管理实践中，通常是交织在一起。每一项管理工作从计划开始，经过组织到控制结束，控制又导致新的计划，不断推进管理工作的进行。

二、管理学概述

（一）管理学的研究对象与学科性质

1.管理学的研究对象

管理学是系统研究管理活动的基本规律的科学。

管理学作为科学，随着科技的进步发展，至20世纪初才发展起来。现代管理学的诞生是以《科学管理原理》为标志。

2.管理学的学科性质

现代管理学是在继承与发展管理经验基础上，运用现代社会科学、技术科学等理论，研究管理活动的基本规律和方法的综合性交叉科学。它也是软科学和应用性科学，又指导管理活动。

通过运用管理理论和规律，合理地组织人、财、物等，在现有的条件下，提高生产力的水平。不同的社会组织要面临不同的问题，形成不同门类的管理学，促进管理学自身的不断分化、发展和完善。

（二）教育管理学学科分析

1.教育管理学的产生

教育规模不断扩大，近现代产生了独立的教育行政系统，要培养大批所需人才，国家不仅要研究如何教育，还要研究国家如何管理，于是产生了研究教育管理。

作为学科，教育管理学产生于20世纪初，可能在已经建立起公共教育制度的国家同时产生。在科学方法的引入下，自20世纪50年代以后，这门学科逐渐趋向成熟。

2.教育管理学的含义

教育管理学是研究教育管理过程的科学。按照教育管理的对象所涉及的范围加以区分。

广义的教育管理学：以国家教育系统的管理作为研究对象。以中央或地方的教育法律法规为指导，对整个教育行政系统和各级各类学校组织进行规划、指导和控制，以实现管理目标的优化。

狭义的是以一定类型的学校组织作为研究对象，建立和健全学校组织及其运行机制，调动全校人员的积极性和创造性，以提高教育质量、培养合格人才为目标。主要研究学校教育机构管理，提升管理者的认识水平。

3.教育管理学的学科体系

教育管理学是综合性的交叉学科。教育管理学是建立在教育学与管理学的基础上，运用管理学与教育学思想和原理，研究教育系统中的管理问题。教育管理学还涉及众多学科，如哲学、社会学、政治学、系统科学等。教育管理学的理论和学科形成发展与学科有密切的联系，教育管理学本身也在不断分化，学前教育管理学是其中之一。

三、学前教育管理学概述

（一）学前教育管理及学前教育管理学

1.学前教育管理的含义

学前教育管理是教育管理的组成部分，行政人员和机构管理者遵循国家教育方针，以管理原则为指导，将学前教育机构的人、物等资源合理组织，优质高效地达成培养目标的活动。

学前教育管理是在教育领域所从事的管理活动，既有上述特点，也有特殊性。表现在：

学前教育管理活动的目标在于育人，是关涉价值的活动，在管理中把握国家教育方针。

学前教育管理内容是保教合一，教养儿童与服务家长。因学前教育兼具教育性和福利性，使学前教育管理要关注的内容涵盖教学、保育、家长等方面。

学前教育管理过程强调协调，在管理过程中要利用多途径教育资源、多方面影响因素，实现管理效能的最大化。

学前教育管理工作的评价比其他复杂，是由制约因素的复杂性及儿童身心发展特点决定的，有些评价标准难以量化，为管理活动的科学化带来困难。

2.学前教育管理学的研究对象

学前教育管理学是研究学前教育管理现象的学科。学前教育管理学是教育管理学的分支学科。

由于学前教育行政管理与教育机构的特殊性，研究对象有其独特性。如学前教育机构是保教合一，所以，学前教育的管理目标及内容具有特殊性，确保通过各种学前教育资源，提高保教质量。

学前教育管理涉及宏观与微观，宏观——学前教育行政管理，微观——幼儿园、托儿所等各类学前教育机构管理。学前教育管理学是以宏观和微观的管理过程和规律为对象，研究包括对学前教育的行政管理及机构管理的规律。

3.学前教育管理学的研究任务

学前教育管理以育人为中心实施管理过程。管理学的研究任务是根据教育事业发展的规律和保教工作的规律，运用教育学、现代管理学的理论研究如何规划、指导和控制，追求学前教育事业的规模和效益的协调发展，为人才培养打下良好的基础。

（二）学习学前教育管理学的意义

1.适应我国学前教育事业健康发展的需要

我国当前学前教育事业正面临新的发展机遇。2010年7月，《国家中长期教育改革和发展规划纲要》首次把学前教育专列一章，提出学前教育的目标。2010年11月，《关于当前发展学前教育的若干意见》提出促进学前教育事业科学发展的意见：把发展学前教育摆在更加重要的位置；学前教育是终身学习的开端，是重要的社会公益事业；多种形式扩大学前教育资源；多种途径加强教师队伍建设；多种渠道加大学前教育投入；加强准入管理；强化安全监管；规范收费管理；坚持科学保教；完善工作机制；统筹规划。众多内容均与学前教育管理相关，通过学习学前教育管理学，可帮助我们掌握基本管理理论，理清发展方向和管理思路，促进我国学前教育事业可持续健康发展。

2.发展学前教育管理理论和提高教育质量的需要

从世界范围来看，1802年第一所公共学前教育机构创办，100年后，1903年我国第一所公共学前教育机构——"湖北幼稚园"诞生。至今，我国学前教育事业取得长足发展，学前教育机构数量发展的同时，质量也在提升。改革开放以来，科学管理意识不断增强，管理体制机制方面积累了经验，形成管理模式和理论。我国学前教育有必要通过学习教育管理学，继承、发展传统的管理思想，基于现实的学前教育管理实践，充实和发展学前教育管理理论，不断提高保教质量和管理效能。

3.不断提升自身专业成长和发展的需要

不论是管理者或一般教职员工都是最具有能动性的核心力量。通过学习学前教育管理学，使学前教育机构从业人员理解和领会我国学前教育的任务，明确管理职能和方法，不断提高政策水平和管理素质，能够很好地参与管理过程。通过学习学前教育管理学，对有志于自主创业办园的人士，起到引领作用，帮助他们熟悉管理实务，实现管理运行的科学化，保障管理效益。

（三）研究学前教育管理学的方法

1.调查法

调查法是在学前教育理论指导下，有目的、有系统地通过问卷等方式搜集学前教育管理现实与历史资料，提出发展建议的研究方法。调查法是基本研究方法，成果常以调查报告的形式表述。

（1）问卷调查

在学前教育管理研究过程中问卷调查运用得十分普遍，如运用问卷调查进行研究的选题：××市婴幼儿家长亲子教育意向调查研究等。过程：确定研究主题→编制问卷项目→小范围预测→统计调查资料→讨论分析→提出建议。

优点：方便实用，能搜集大样本信息资料；便于整理归类，能统计处理；问卷调查设计多为无记名方式，结论比较客观。局限性：搜集资料是表面的，很难做深入分析等。

（2）访谈调查

访谈调查以口头形式，通过访问与被访问者的对话获得信息。

访谈调查优点：广泛的适应性；可在短时间内团体访谈获得较多信息；通过交谈可了解到一些深层次问题。局限性：需要较多的人力和时间；较难控制被试受研究者的影响，影响研究的客观性和公正性。

2.测验法

测验法：用一组测试题去测定某种教育现象的实际情境，收集资料数据研究。在学前教育管理中，采用测验法对学龄前儿童生理、心理发展进行测定，建立学龄前儿童身心发展成长档案。

教育测验是工具，具有诊断、选拔等功能，但许多测量工具尚未完善，学龄前儿童可塑性大，所以必须持严肃的态度，对测量结果的解释要慎重。

3.比较研究法

比较研究通过确定对象间的异同来认识客观事物的逻辑思维方法。在学前教育管理领域，运用比较研究法对某类教育现象在不同时期、地点、情况下的不同表现进行分析，得出符合客观实际的结论的方法。如针对教育政策、教学管理形式等问题，可以进行比较，包括学前教育机构间的比较等。

比较研究的方法简单、鲜明，加深其对所要研究问题的认识。但由于研究结论是从比较分析的推论中得出的，客观程度有待修正。

4.实验法

实验法：研究者按研究目的，合理创设条件，确定变量间因果关系。

特点：至少有一个变量，这个变量可人为地加以控制；用于揭示变量间的因果关系；研究时要将有控制的事实和情况与没有控制的进行比较；实验过程要求有假设，有严格的操作规则；实验结果可以重复。

实验研究适合小范围情况，如师幼间的互动关系等。由于教育管理涉及的因素复杂多变，且有高度的政策导向，运用实验研究的难度较高。有代表性的例子是20世纪30年代末美国莱温在学校进行的领导风格类型的研究，他得出了不同的领导风格会对群体行为和效率产生不同影响。

5.行动研究法

行动研究法：教育工作者根据解决实际问题的需要，与专家等共同合作，将实际问题作为研究主题，以解决实际问题的研究方法。步骤：发现问题→收集资料→制订方案→实施方案→评价→修正再实施。

行动研究法实用性强，对研究条件不那么苛刻，有利于理论与实践的联系，并通过专家引领提高其专业素养。但行动研究不关心研究成果的普遍意义，外部效果不高。

6.案例法

案例法是研究管理的独特方法。将管理中出现的常见问题或典型经验编写成案例，供学习者进行分析，目的在于理论联系实际，增强分析和解决问题的能力。案例法的重点在于促进思考的过程。通过提供案例，为学习者创设情境，使之最大限度地发挥自身能动性，分析问题的症结，寻求途径和对策。

作用：利于学用结合；利于吸引基层教育工作者和管理者积极思考；通过脑力激荡，利于观点和思想的碰撞。

案例法是由哈佛大学工商管理学院首创，关键环节是选择和编写。针对现实问题，启发人们思考和借鉴。因此，研究思路适用于研究学前教育管理。

第二节　管理理论的演变与学前教育管理实践发展

一、西方管理理论的演变与发展

（一）管理科学的初创时期

1.泰勒的管理思想

弗雷德里克·温斯洛·泰勒，出生于美国富有的律师家庭，中学毕业考上哈佛大学法律系，因眼疾被迫辍学。1878年转入费城米德瓦尔钢铁厂当机械工人，通过夜校学习获得了工程学位。由于泰勒是从生产车间成长起来，在工作实践中，为提高生产效率，致力于研究生产过程的革新活动。1911年泰勒出版了《科学管理原理》，奠定了其"科学管理之父"的历史地位。其观点：

管理的中心问题是提高劳动效率，效率原则是衡量任何组织的基础。

主张标准化。一切工作方法都应通过考察由管理人员决定，一切生产过程的问题都应用科学的方法来规范。

泰勒总结出标准化的工作程序，将生产过程中的动作进行标准化的设计。他还测定各项工作所需要的时间，以提高他们的工作水平。

泰勒主张为工人提供标准化的工作条件、生产工具、机器和原材料。通过改革，泰勒所在的工厂提高了劳动生产率，这些措施显示出了优越性。

实行有差别的计件工资制度。在劳动定额基础上，超额完成工作定额的部分给予高提成；对于没有完成定额者，仅支付正常工资的一部分，激发人的积极性。

主张将计划和执行职能相分离。他认为"要人在机器旁劳动，又在办公桌上工作，很难办到"，提出管理者和劳动者分离思想。

主张实行职能工长制。实行"职能管理"——将管理工作细分，使管理者只承担一种管理职能。设计八个职能工长，代替原来的一个，四个在计划部门，四个在车间。

实行例外管理。规模较大的企业组织和管理，需运用例外原则，高级管理人员把例行的日常事务授权给下级，按规章制度去处理，自己只处理突发性事件。

在20世纪初泰勒的科学管理得到了广泛的运用，促进了当时劳动生产率的提高。但由于泰勒只重视提高生产率，忽视了劳动者的需要、人际交往等情感，甚至对于工人不像牛马一样愚蠢而遗憾，认为工人像牛马那样愚蠢，就可以按照他设计的标准动作工作，那样效率会更高。

2.法约尔的管理思想

亨利·法约尔，1860年从矿业学校毕业，他一生写了很多著作，内容包括采矿、教育和管理等，在管理领域的贡献，使他受到瞩目。法约尔研究管理的着眼点不同。法约尔一直从事领导工作，他把企业作为整体来加以研究，关注的是管理过程。其《工业管理和一般管理》思想：

提出了管理应遵循的原则：劳动分工；纪律；统一指挥；权力与责任；统一领导；合理的报酬；适当的集权与分权；个人利益服从集体利益；跳板原则；秩序；公平；人员的团结；保持人员稳定；首创精神。

管理活动过程：计划、组织、指挥、协调与控制，对这五大管理要素进行分析和讨论。计划是预测未来和制订方案；组织是建立双重结构；指挥使人员发挥作用；协调是连接、调和活动和力量；控制在于注意活动是否按已制定的规章制度进行。

他认为企业的活动可以概括为：技术性的工作，商业性的工作，财务性的工作，会计性的工作，安全性的工作，管理性的工作。

法约尔被认为是第一个提出并阐述"一般管理理论"的人，在理论上概括了管理的理论、要素、原则，对以后管理学理论的发展有着重大的影响，有人把他称为"管理理论之父"。

3.韦伯的管理思想

马克思·韦伯，是现代社会学的奠基人，行政组织的观点对社会和政治学家有着深远影响。他广泛地分析了社会、经济和政治结构，研究工业化对组织结构的影响。提出了理想的行政组织体系理论，组织活动要通过职务来管理。他的理论对后世的管理学家有重大影响，被人们称之为"组织理论之父"。主要观点有：

"理想的官僚制"理论是行政学发展史中重要的里程碑。组织应是金字塔形的结构，明确分工。

任何组织都要以权力为基础，才能克服混乱，完成组织目标。

组织中人与人之间的关系是理性的工作关系。

组织的全部活动应分为各种基本作业，分给不同的员工。

三人研究重点各有不同，也具有局限性，但所倡导的古典管理理论是第一次尝试用科学的方法研究管理问题，对一些管理问题进行了深刻研究，有效推动了管理科学的发展，他们的理论也推动了生产力的提高。

（二）西方现代管理理论的成长时期

1.人际关系理论

乔治·埃尔顿·梅奥是美国行为科学家。1924年至1932年间，由梅奥负责进行了著名的霍桑实验，为测定各种对生产效率的影响程度而进行的实验——人际关系学说。经过两次、四个阶段，梅奥等人认识到，生产效率不仅要受到生理方面等因素影响，更受到社会环境等方面的影响，要求管理者要设法满足工人的社会性需要。这对传统古典管理理论忽视社会环境对工人影响的理念来说，是重大的进步。

根据霍桑实验，梅奥出版了《工业文明中人的问题》，提出了新观点，归纳为：

古典管理理论把人看成是"经济人"。霍桑实验表明，人是"社会人"，影响积极性的还有劳动者的社会和心理因素。

企业中除了正式组织外，还存在着非正式组织。这是企业成员在工作过程中，由于具有共同社会情感而形成的，这种无形组织有特殊情感和倾向，是与正式组织相互依存的。

传统的管理：影响生产率主要是工作方法和条件，而"霍桑实验"——生产率的升降，取决于工人的士气——工作的积极性与协作精神，领导者要与职工建立良好人际关系。

2.行为科学学派的主要理论

（1）马斯洛的需要层次论

亚伯拉罕·马斯洛，人本主义心理学家。他认为，人的行为是由需要引起的，并把人的需要由低到高归纳为：生理、安全、爱和归属、尊重、自我实现的需要五个等级。当人们为满足需要而行动时，就转化为行动的动机。在一般情况下，只有低级需要得到满足后，人才会产生高级需要。当低级和高级需要发生冲突时，优先满足低级需要。

马斯洛：管理者要了解并满足员工的合理物质需要，协调人际关系，增强员工凝聚力。在满足需要情况下，要注意激发高层次的需要，如给更多的绩效工资、一定的领导职位等；越是卓越的员工，越要满足他们更多的需要。

（2）赫茨伯格的双因素理论

弗雷德里克·赫茨伯格，行为科学家。1957年提出"激励因素—保健因素"理论。赫茨伯格认为人类有两种不同类型的需要，它们是相互独立的，以不同方式影响行为。根据不同的需要，将行为动机因素分为保健和激励因素。

保健因素与人的工作环境等有关的素，如工资福利、聘任保障等。这些因素得不到满足，会引起职工的不满情绪。但即使因素都具备，也只能防止对工作产生不满，而不能激发积极性。激励因素与工作有内在联系，如工作的成就、工作职责的加强、职务的提升等，因素的改善和需要的满足给员工很大的激励，有助于有效、充分调动他们的积极性。

（3）麦克雷戈的XY理论

道格拉斯·麦克雷戈，人性假设理论的创始人。对于管理者如何看待员工的行为问题，在《企业中人的方方面面》中麦克雷戈阐明了：管理者采取何种管理策略，受人性理论的影响，将人性假设为X和Y理论。

X理论：人天生好逸恶劳，有可能就会逃避工作。他们更愿意受人控制，逃避责任，缺乏进取心。由于不愿意工作，所以不得不采取奖赏等手段驱使其工作。Y理论：人的天性并不好逸恶劳，人在适当的条件下还是乐于工作的；让人们如果参与实现组织的目标，他们会进行自我指导与控制；如果人们能从工作中获得满足感，那么就会主动完成任务；一般人在适当的条件下，会倾向于去接受责任。

X理论代表传统观点，麦克雷戈持有Y理论观点：人们并非天生喜欢无所事事，管理者只要善于沟通和创造和谐气氛就能激发主动性，就能提高劳动效率。

（三）现代管理理论时期

1.系统理论学派

系统理论学派主张从整体角度出发研究问题。他们认为，组织是由许多子系统组成的大系统，组织是由五个不同的分系统构成的整体，分系统：目标与价值、技术、社会心理、组织结构、管理。系统间既相互独立，又相互作用，从而构成整体。

系统理论学派主张用系统的理论来考察管理职能，通过对组织的研究分析管理行为，使人们对组织的各个子系统的地位和作用更了解。这一理论学派使人们注意到社会组织都具有开放系统性质，从而解决组织内部因素的相互关系问题，注意解决组织与外部环境的相互关系问题。

2.权变理论学派

权变理论：没有什么是一成不变的，在管理中要根据组织所处的内外条件随机应变。该学派的理论核心是通过组织的系统内部和系统间的相互联系，来确定变数的关系类型和结构类型。在管理中它强调要根据组织的内外部条件随机应变，寻求不同的最合适的管理模式、方案或方法。

美国学者卢桑斯出版的《管理导论：一种权变学》中概括了权变管理理论：要把环境对管理的作用具体化。环境是自变量，管理的观念和方法是因变量。如在经济衰退时期，在供过于求中经营，企业采用集权的组织结构，更适于达到目标；如在经济繁荣时期，采用分权的组织结构会更好一些。理论的核心内容是环境与管理变量间的函数关系。环境有外部和内部环境。外部环境是由社会、经济和政治等组成；另一种是由供应者、竞争者、股东等组成。内部环境与外部环境各变量间是相互关联的。没有最完美的管理方法，只有最适合的管理方法。

3.决策管理学派

决策管理理论：管理是决策，过程就是决策过程，贯穿管理的全过程，是管理的核心。代表人物西蒙认为组织中管理者的重要职能是做决策。任何作业开始前都要先做决策，组织、领导和控制离不开决策。西蒙对程序、准则，程序化和非程序化决策等做了分析。提出决策过程：搜集情况、拟定计划、选定计划、评价计划。管理者需先调查所有有关组织发展的资料；寻找解决途径，拟订行动方案；运用各种技术对方案做比较抉择，确定最优；付诸实施并组织评价。

4.Z理论

Z理论由威廉·大内在《Z理论》中提出。威廉·大内选择典型企业进行长期比较研究，发现日本的生产率高于美国企业，而在日本设置的美国企业，若按美国式管理，效率也差。大内根据现象，提出美国的企业应结合特点，向日本企业学习，形成管理方式。他把日本管理方式归结为Z型，把美国的管理称为A型。

大内认为管理当局与职工利益一致，积极性可融为一体。鼓励职工创造性地执行上级命令，提倡共渡难关。人既有人性的一面，也有非人性的一面。管理过程中，有时奖励，有时惩罚，物质与精神结合，因时、因人、因地制宜地管理。

5.管理文化研究

管理理论的研究在20世纪后期出现变化，人们发现在不同的国家、组织中，同样的管理方法会产生不同结果，人们把管理和政治、教育等文化现象联系起来。彼得·德鲁克认为管理是文化，有价值观、工具和语言。主张把管理活动视为文化现象，从文化视角对管理进行文化方面的研究，管理效率依赖于文化变量。

将管理理论上升到文化层面，是管理上的创举，管理文化研究将古典与行为科学统一起来，它注重将管理诸因素纳入文化系统，考察其特殊性。从实践看，它从全新的视角思考和分析社会组织的运行，核心是使员工关心企业，给企业带来生机和活力。

二、学前教育管理实践的新进展

（一）学前教育机构目标管理

1.目标管理的含义

目标管理以目标为导向，以人为中心，以成果为标准，使组织取得最佳业绩的管理模式。目标管理——"成果管理"，指在全体成员参与下，自上而下地确定目标，实行"自我控制"，保证目标实现的管理实践模式。

彼得·德鲁克最先提出"目标管理"概念，又提出"目标管理和自我控制"主张。他认为有了目标才能确定人的工作。组织的使命和任务须转化为目标，机构没有目标，那么工作也被忽视。管理者应通过目标进行管理，当管理者确定了目标后，需对其进行分解，转变成各个人的分目标，根据分目标的完成情况对下级进行考核。

管理内容是动员员工参与目标的制定；目的是通过激励，调动和发挥员工的积极性；核心是注重工作成果和评价；标志是"组织与个人目标融为一体"；特点是以"目标"作为各项管理活动的指南。

2.学前教育机构管理目标的确立

科学的园所管理目标是学前机构的关键。制定园所管理目标时，要考虑体现园所应体现出的方向性。当今，园所管理目标要与国家大力倡导的促进社会公平和谐社会理念一致；园所管理目标要符合学前教育的特点，符合管理理论的基本规律；确立园所管理目标要从实际出发，结合实际情况，不可好高骛远；确立园所管理目标要体现出特色，只有明确定位，才能在激烈的竞争中立于不败之地。

3.学前教育机构单位目标责任制的实施

（1）建立一套完整的目标体系

实行目标管理，要建立完整的目标体系。作为主管单位或者投资者，要有总的园所教育目标，然后由上而下地分解。上下级的目标是"目的—手段"的关系，某目标需要用手段实现，手段就成为下一级的次目标，下级的目标为上级的目标服务，直到最基层目标，构成锁链式的体系。

目标制定和分解要符合SMART原则，S——具体的，目标要是具体的，尽可能细化；M——可以量化的，目标应是可以量化的；A——执行性强，目标符合组织和员工实际情况，通过努力可以完成；R——相关的，和其他的目标有相关性；T——有时间期限的，目标考核要有时间限制。

（2）明确责任

目标体系应与组织结构相吻合，使每个目标都有明确的组织部门负责。组织结构往往不是按组织目标而建立的，在管理实践中两者间会存在偏差。如重要的分目标在组织结构中找不到负责任的部门，管理者很难确定具体的责任。目标管理有助于理清组织机构的作用。

（3）组织实施

园所总体目标确定下来分解到各部门后，人员应把权力交给下级成员。如果上级主管人员不放权，便违背了目标管理的主旨。这并不是说，可以撒手不管，上级管理应表现在指导、发现问题、提供信息等方面。

（4）检查和评价

对各级组织目标的完成情况，定期进行检查。检查的方法可灵活地采用自检或责成专门的部门进行检查。对于最终结果，应当根据既定目标进行评价，使得目标管理进入下一轮循环过程。

（二）园本管理模式

1.园本管理的含义

园本管理是从校本管理演变而来的。校本管理源于20世纪60年代的澳大利亚，强调教育管理重心的下移，学校成为自我管理的独立法人实体，提高学校管理的有效性。核心在于致力推行以学校为中心的教育，合理地分配和管理学校资源。把学校视为自行管理系统，创造性地适应教育目标。校本管理模式反映了西方教育管理哲学向"内控式管理"的转变。

园本管理是以园所自身为本位的自主经营的新型管理模式，教职员工是共同参与到事关园所发展的决策中。我国目前公办学前教育机构是由教育职能部门管理的，对于园所内部的管理则实行园所长负责制；对于私立学前教育机构是谁出资谁负责。

2.园本管理的内容

（1）灵活、有效的民主管理体制

园本管理是内控式的决策管理，通过园长、家长等部门联合组成园务委员会进行决策，政府等会参与其中。管理模式的优点是它的民主性。园本管理提倡自我管理，倡导和谐的人本管理理念。为保障园本管理的实施，以确保各种制度的顺利运行。

（2）园本化的课程设置

园本化是园本化管理的核心，是园所特色的最主要的标志。课程应体现园所特色，反映园所的教育质量，关注婴幼儿的个性差异，考虑婴幼儿成长的自然环境，充分挖掘园所和当地的课程资源，建设本土化、多样化的课程体系。

（3）个人取向的园本教研

园本教研与传统教研是不同的教师成长方式。传统课程主张课程，强调教师对学习目标、学习材料的把握；园本教研主张课程，强调情境中的经验。园本教研注重保持个性化前提下的教师原有水平的提高，强调的是个性化的发展。

（4）相对成熟的园本管理文化

园本管理文化凝聚着特有的儿童观、价值观及由园所倡导的行为模式和准则，是一个长期的过程。园本管理文化建设要结合实际情况，挖掘本园所的文化底蕴。

（三）"五常法"管理模式

1."五常法"管理模式概述

"五常法"源于日本，最初用于企业的管理。包含整理、整顿、清扫、清洁、自律，这些词罗马拼音的第一个字母是S，又称"5S"。"5S"传入中国后，有人将其发展成更容易被国人接受的方法：常整理、常整顿、常清扫、常清洁、常自律。

2."五常法"管理模式在学前教育机构管理中的运用

常整理。工作场所的物品要区分为有必要的与没有必要的，有必要的要留下来，其他的都要收起来。

常整顿。把要用的留下来的教具等物品摆放整齐，加以标示。使工作场所一目了然。

常清扫。将操场、游戏室等工作场所内清扫干净，保持工作场所干净的环境。

常清洁。坚持上述步骤，维持成果，不断实施。

常自律。通过宣传、监督等，提高教职员工素质，养成良好的习惯，改变每个教职员工的精神面貌。

鉴于安全教育的重要地位，有人在"5S"上又提出了"6S"管理方法——加入安全管理，重视对教职员工进行安全教育，防患于未然。

学前教育机构是对幼儿实施保育和教育的场所，整齐美观的环境、完善的管理制度是学前机构运转顺利的保证。"五常法"作为科学管理模式能使学前机构的工作秩序井然。作为机构的管理人员应组织教职员工学习讨论，并不断检查提高，达到"常自律"的高境界。

3."五常法"管理模式在幼儿个人管理中的运用

"五常法"也可以用于幼儿个人管理，教师和家长也可借鉴，帮助幼儿学会自理。

常整理。分配给孩子摆放自己物品的空间，把不需要的物品及时收取存放。

常整顿。让孩子自己学会收拾物品，比如如何摆放等。

常清扫。保持自己的物品清洁等。

常清洁。对前步骤进行巩固提高，形成一定的制度。

常自律。让孩子学会自我管理，每天或者每周安排时间让孩子对生活和学习进行反思等。

（四）学前教育机构集团化管理模式

集团化管理的园所——连锁式园所，在统一的政策管理下运行，有相同的名字和外饰，统一对外标语、教育理念。集团化管理的学前教育机构：由总部出资建立统一管理；为特许经营形式，如某幼儿园作为独立的法人组织，欲加盟须经过特许，向机构缴纳费用，包括加盟费、保证金等，规范双方的权利和义务。一般品牌机构允许加盟机构使用自己的商标等，给予加盟机构技术支持，同时，监督加盟机构，保证其符合品牌机构要求的标准。

标准化、集团化管理适应了趋势，更加集约化、经济化。通过连锁可迅速扩张、占领市场，更快地把研发成果转化为生产力。加盟标准化管理对于加盟者来说是最快速发展之路，对于新建园所来说，是园所快速地提高档次的捷径，现成的管理理论可以帮助管理者很快走上正轨。

第三节　学前教育行政管理体制

一、教育行政体制

（一）教育行政概述

1.教育行政的含义

行政的内涵有广义和狭义之分。狭义是指统治阶级通过行政权力管理活动，与国家政权相联系，以国家权力为后盾，体现统治阶级意志，是统治阶级为维护稳定从事的管理活动。

广义的行政：对社会公共事务的管理，行政与管理具有大致相同的含义，广泛存在厂矿、企业、学校等组织机构中。

国家行政管理中关于教育活动的行政管理—教育行政—国家为实现目的，对教育活动进行组织和领导的行政管理活动。教育行政属于狭义行政的范畴——国家行政机关，按照国家法律权力管理教育活动的活动。

2.教育行政的特点

教育行政具有政治和教育专业性。

政治性：教育作为上层建筑，反映统治阶级的意志。教育行政是国家行政的部分，与国家政权直接联系，教育行政主体，体现国家意志，通过教育行政的管理，保证教育发展的方向。教育行政具有政治性。

教育专业性：教育管理具有很强的教育专业性，具有不同于其他企业单位的管理特征。教育行政具有较强的专业性，教育管理要符合管理学的一般理论，体现教育活动自身的规律。作为教育管理者，既要具有管理知识，具有教育领域的知识背景，才能避免出现外行管理内行的现象。教育专业化行政人员成为国际潮流，优秀的教育管理者，专业技术是个人发展的捷径。

教育行政是政治性与专业性的统一。政治性通过专业性活动得到体现；政治性为专业性保证方向。

3.教育行政的职能

职能就是职责与功能。教育行政职能：教育行政具有的职责和功能——教育行政活动本身的能力和作用；行政机关为执行管理任务所进行的职务活动。教育行政的职能与机构结构有密切联系：行政机构的结构不同，功能和职责不同；教育行政机构的不同层次，职责也各不相同。

（1）计划职能

计划职能：根据国家和地区政治等方面情况和社会发展战略的需要，在一定时期内，对教育发展的方向、规模做出部署和安排。教育计划——指令性和指导性计划。计划职能在其教育行政活动中无论是中央集权制国家，或地方分权制国家，均占有地位；不同的是，有的偏重于指令性，有的偏重于指导性。

（2）立法职能

立法职能：国家通过立法机关制定各项教育法令和政策，依法对教育实行管理职能，通过立法手段对教育的目的，对教职员工的资格和待遇。

（3）组织职能

组织职能通过机构把拟定的计划和政策，转化为执行活动，指导计划、方针的落实。活动是对机构的设置和有效运用，对工作人员的选拔、培训，对具体工作的推进指导等。

（4）协调职能

协调职能是改善各职能部门、人员、活动间的关系，使管理活动得以分工协作、步调一致，实现教育目标。

（5）监督职能

监督职能是国家依据有关法规，对地方和学校教育的实施活动实行监督。监督职能——法律监督和行政监督。

（6）服务职能

服务职能：上级行政主管通过非权力促进下级教育行政主管部门和提供服务，如信息、咨询，专业上的培训等，以此作为教育宏观控制手段。对下级部门的服务是重要职能，也是最容易被忽视的。

（二）教育行政体制的类型及特点

了解教育行政体制，首先要了解教育体制。教育体制是教育机构与规范的统一体，由教育的机构体系与规范体系组成。教育的机构体系：教育的实施机构、学前教育机构和管理机构——教育部等；教育的规范体系：建立并保障教育机构正常运转的规章制度，它规定着机构的职责权限和人员的岗位职责。教育行政机构与规章制度相结合构成教育行政体制。

1.教育行政体制的类型

国家的教育行政体制受国家政治体制、本国教育和文化等因素影响。世界各国的教育行政体制：中央集权型的教育行政体制、地方分权型的教育行政体制。

（1）中央集权型教育行政管理体制的主要特点

中央集权型的特点：有关教育方面重大问题的决策权集中在中央行政机关，下级教育行政机关需按照上级的决定办事。教育事业在这种行政管理体制下，被确立为国家的事业，教育由中央政府统一领导，教育经费由国家负担，教育行政机关须接受国家的管理，地方教育管理的自主权居于次地位。在中央与地方的关系上，中央为主，地方为辅；学校依赖于政府；注重用行政手段对教育进行直接干预控制。

中央集权型教育行政管理体制优点：便于中央统一教育方针，便于全国教育事业的统一，便于领导全国的教育改革统一；能集中全国力量实现教育机会均等；能规定统一的教育标准。但这种体制也存在弊端：地方政府缺乏办教育的自主权，缺乏对本地区教育的独立思考；从国家角度看，政治、文化发展很不平衡，教育发展参差不齐，如果整齐划一，易脱离地方实际；不鼓励自由实验，束缚了地方探索教育积极性。

（2）地方分权型教育行政管理体制的主要特点

地方分权型教育行政管理体制的特点：下级教育在管辖范围内自主决定教育

的相关问题，上级对下级教育行政机关决定的事情不得随意干涉。这种行政体制确认教育事业是地方的事业，教育事业由地方政府经营和管理，国家没有统一的教育大纲、教材，经费由地方负担，在必要的范围内由国家干预。

地方分权型教育行政管理体制优点：能培养人民关心教育事业的兴趣，充分调动地方办教育的积极性；能从本地区政治、经济和文化的需要发展教育。教育的管理权划归地方，调整各级各类教育事业发展的速度和规模；结合本地区的情况进行实验，开展竞争，相互促进。但这种体制也会产生一些弊端：教育管理权归地方，难以制定统一规划，教育缺乏标准，各教育制度纷乱复杂。农村由于把办学权下放到乡、镇，这种彻底的分权形式难以从总体上对教育控制；各地区经济条件不同，必然导致教育发展的不平衡，教育机会均等的原则难以实现。

由于两种教育管理形式的优缺点都很明显，遂从教育行政管理体制改革与发展的趋势看，教育行政体制表现为中央集权制和地方分权制，相互靠拢，不是向两极发展。

2.我国教育行政体制的特点

中华人民共和国成立以后，建立了从中央到地方的完备的教育行政体制，受政治、经济等状况发展的影响，60多年来，教育行政体制虽几经变革，但改革都是以集权与分权的关系。20世纪50年代初期，我国实行中央集权型教育管理体制。1985年《中共中央关于教育体制改革的决定》颁布，我国当代教育行政管理体制改革的序幕拉开。

虽经历了多次变革，我国的教育行政管理体制仍属于中央集权制。现行的教育行政体制是分级管理体制，地方各级教育行政机构均受中央的统一领导。

我国的教育管理行政体制目前仍存在着权力过度集中等弊端，影响了教育事业的发展。《中共中央关于教育体制改革的决定》："需从教育体制入手，改革管理体制，坚决实行简政放权。"我国教育行政体制改革的目标是建立有特色社会主义教育行政体制：在政治领导——坚持党对教育事业和行政的领导，避免否定党的领导，又要防止将党的领导等同于行政管理；在中央、地方、学校和社会关系上，建立中央统一领导，学校自主办学；在教育行政权力的配置上，健全教育行政的咨询、决策、执行、监督组织体系；在教育行政职能上，简政放权，由重微观管理转变为重宏观协调；在教育行政手段上，采用教育行政指令、行政监督的方式，通过教育立法、教育评估、教育拨款等手段行使教育行政职能；在教育行政的组织机构和人员配备上，科学地设计教育行政机构的职能部门。以上六方面的内容相互联系、不可割裂，构成了中国特色的社会主义教育行政体制的目标模式。

二、我国学前教育行政管理体制及其变革

（一）我国学前教育行政管理体制的确立

1.学前教育行政管理体制的含义

学前教育行政是国家教育行政的重要组成部分，以学前教育管理为主要内容的部分——学前教育管理行政。我国学前教育行政管理体制的发展受政治、文化等多种因素的影响。

2.我国学前教育行政管理体制的确立

党中央历来重视学前教育的发展，早在1934年，苏维埃政府颁布了《托儿所组织条例》，它是第一部关于学前教育的文件。详细规定了托儿所的规模、环境设备、管理方式等。1941年1月，陕甘宁边区政府颁布《陕甘宁边区政府关于保育儿童的决定》，要求实行儿童公育制度，各市县政府设保育科员一人，确立了当时边区政府学前教育行政管理体制。1945年，边区工作方针延续《陕甘宁边区政府关于保育儿童的决定》精神。中华人民共和国成立以前，党的各个历史时期都及时根据政治、经济、文化的发展，制定了相应的学前教育行政管理政策。

中华人民共和国成立后，教育部在初教司内设"第二处"，1950年11月改称"幼教独立处"，掌管全国学前教育工作——我国第一个中央领导学前教育机构。当前，教育部设基础教育二司负责管理普通高中、幼儿以及特殊教育的宏观工作。迅速建立的学前教育全国领导体制促进了我国学前教育事业的发展。2011年，国务院印发《中国儿童发展纲要（2011-2020）年》，提出了到2020年使学前三年毛入园率达到70%，学前一年毛入园率达到95%；在园幼儿人数达到4000万人的目标。

1978年7月，教育部普教司设置了幼教处，1980年4月，普教司改称初教司，下设幼儿教育处。教育部又设立基础教育二司，下设幼儿教育处，为管理全国学前教育工作的专门领导机构。

（二）我国学前教育行政管理体制的改革与发展

学前教育管理体制的变革受多种因素的影响。教育作为上层建筑，必然受到

国家政治体制的制约；学前教育作为教育体系的组成部分，受到国家政治形势的影响，教育的性质、管理方式等变化与国家政策的导向有关；受经济状况的制约。经济的发展水平为学前教育的发展提供了物质基础，不管是教育内容、教育形式或教育的管理方式，都会受到经济状况的制约。经济体制向社会主义市场经济体制的过渡，会引起学前教育办园体制、人事制度等方面的变化；随着全球一体化进程的加剧，国家之间必然会相互学习，一些优秀的学前教育管理模式对我国学前教育管理体制的改革有借鉴意义。

《中共中央关于教育体制改革的决定》提出了"基础教育由地方负责、分级管理的原则"。1987年出台的《关于明确幼儿教育事业领导管理职责分工的请示的通知》：幼儿教育实行地方负责和有关部门分工负责的原则。1989年，由国家教育委员会发布的《幼儿园管理条例》中以法规的形式将学前教育行政管理体制确定下来。原则是我国学前教育行政管理的体制，也是基本原则。对于内部管理，《通知》："幼儿园的行政领导由主办单位负责，重大政策问题由国家教委牵头，共同研究。"1996年正式发布《幼儿园工作规程》："幼儿园实行园长负责制，依据本规程负责领导全园工作。"

1.地方负责，学前教育管理归地方

国家教育行政部门作为决策层，是一种宏观管理，需由地方负责。地方负责强调地方各级政府的责任，地方政府要按照当地的经济文化发展的实际情况，对地方的学前教育事业做出规划。我国地广人多，人均国民生产总值还相对落后，国家把发展学前教育的责任和权力交给地方，可充分调动地方管理和发展学前教育的积极性，使学前教育的发展更加适合当地人民群众的实际需要。

2.强化地方政府责任，保障学前教育的公益性

地方负责强调地方政府的责任。学前教育是教育事业，高质量的学前教育对于保障基础教育质量有重要意义；它也是社会福利事业，享受有质量的学前教育，对保障人民安居乐业、构建和谐社会具有重要的意义。《通知》："幼儿教育事业由地方负责，各级地方人民政府制订规划，认真实施。"学前教育的福利性决定了地方政府不能把学前教育事业像甩包袱一样，推向社会，要求把发展学前教育当作教育事业的重要一环来抓，保障学前教育的公益性。

20世纪80年代以来，一些地方政府认为社会化就是政府放开学前教育发展，忽视了政府发展学前教育应有的主导地位，盲目进行所谓的"改制"，出现"入园

难"现象，加剧了学前教育不公等问题。"学前教育社会化"是在政府主导作用下的社会化，政府主导是前提。

3.分工负责，教育部门发挥主导作用

《幼儿园管理条例》："国家教育委员会主管全国的幼儿园管理工作；地方人民政府主管本行政辖区内的幼儿园管理工作。"明确学前教育分级管理的原则；确定学前教育发展的方针政策。省、地市等地方政府为管理层，制定地方相关法规，承担当地学前教育管理工作。《条例》："地方各级政府应根据本地区社会经济发展状况，制订发展规划。"县、乡等教育行政部门为执行层，贯彻国家和上级教育行政部门的方针政策，直接负责本辖区内各类学前教育机构的审批、建设等工作。

学前教育工作的管理，需多部门的参与支持。《通知》："幼儿教育实行有关部门分工负责原则。"相关部门：卫生部门拟订幼儿园卫生保健方面的法规，对幼儿园卫生保健工作进行指导；财政部门负责制定有关幼儿教育事业经费开支的制度；劳动人事部门负责制定幼儿园工作人员的有关编制、劳动保护等方面的制度；城乡建设环境保护部门负责规划与居住人口相适应的幼儿园设施；轻工、纺织、商业部门负责幼儿食品、鞋帽、卫生生活用具和教具、生产和供应等。在分工前提下，教育行政部门应发挥主导作用，对学前教育实行管理。职责：贯彻中央有关幼儿教育工作的方针、指示，拟订行政法规；研究拟订幼儿教育事业发展方针；负责对各类幼儿园的业务领导；组织培养和训练各类幼儿园的园长、教师；办好示范性幼儿园等。

4.学前教育事业的发展需要动员全社会的力量

发展学前教育事业不能完全由国家包办下来。从国情出发，我国是发展中的大国，穷国办大教育，在未来若干一段时间内不具备国家包办学前教育的实力；从我国学前教育的性质看，是我国社会主义教育事业的一部分，具有社会福利性和公益性的特点。但学前教育不属于义务教育，国家、政府、集体及公民个人都应承担责任；从世界范围看，绝大多数国家的学前教育都是由国家、集体、个人等共同承担的。

从中华人民共和国学前教育60多年的发展历程看，学前教育事业发展始终坚持动员全社会力量办园。1956年，《关于托儿所、幼儿园的几个问题的通知》："在城市中由企业、机关、团体、群众举办，农村提倡生产合作社举办。"1983年《关于发展农村幼儿教育的几点意见》："发展幼儿教育需坚持'两条腿走路'"。"两条腿走路"——国家与地方、集体、个人，公办与私立并行。1987年，《国务院办公厅转发国家教委等部门关于明确幼儿教育事业领导管理职责分工的请示》："除地方政府举办幼儿园外扩主要依靠部门、个人等力量发展幼儿教育事业。"1988年《国务院办公厅转发国家教委等部门关于加强幼儿教育工作意见的通知》：发展学前教育事业应"多管齐下"。《幼儿园管理条例》："地方政府可依据条例举办幼儿园，鼓励企业事业单位、居民委员会和公民举办幼儿园或捐资助园。"2010年《国家中长期教育改革和发展规划纲要》："建立政府主导、公办民办并举的办园体制。"这一办园方针，推动我国学前教育事业取得长足进步。

三、新时期我国学前教育行政管理体制改革与发展趋势

（一）党和政府高度重视发展学前教育事业发展

1.加强对学前教育事业的管理、协调和引导

为加强对学前教育事业的管理，我国出台一系列方针、政策等文件。1979年，经国务院批准，由教育部、劳动总局和全国妇联联合召开全国托幼工作会议，决定成立由国务院领导的全国托幼工作领导小组，负责研究有关托幼工作的方针、指示等，划分有关部门的工作职责。1987年国务院办公厅转发《关于明确幼儿教育事业领导管理职责分工请示的通知》，划分了国家教委、卫生部、财政部、建设部、纺织部等有关部门对学前教育事业的任务和责任。1988年《关于加强幼儿教育工作意见的通知》，要求政府明确职责，贯彻落实《关于明确幼儿教育事业领导管理职责分工请示的通知》精神。《中共中央国务院关于深化教育改革全面实施素质教育的决定》及《国务院关于基础教育改革与发展的决定》等，都将学前教育作为基础教育的重要组成部分。

2.重视儿童权利的保障工作

党和政府历来重视儿童的成长，致力于儿童权利保护的法制化。1992年《九十年代中国儿童发展规划纲要》明确儿童保护的重要性和对儿童生存和发展的目标，制定了策略与措施。在《国民经济和社会发展十年规划和第八个五年计划纲要》中规定了对儿童发展和保护的指标，表明了政府对儿童生存和发展的重视。我国政府制定《中华人民共和国宪法》为母法的法律、法规，为儿童权利保障的

法制建设。我国政府在保障儿童权利的同时，还参与国际合作，在《儿童生存、保护和发展的世界宣言》《执行九十年代儿童生存、保护和发展世界行动计划》上签字，承诺参与世界关爱儿童行动计划。

（二）学前教育管理逐步走向法制化

以往管理实践中，仅依靠政策和行政手段管理带来的弊端越发突出；以"人治"为主要管理方式的随机性越来越不能适应我国学前教育事业的发展。随着法制建设的加强，教育立法工作越来越受到重视，管理方式转变为以制定相应的法律、政策为主，使学前教育的开办、管理变得有法可依。

1952年《幼儿园暂行规程》，法规性文件对改革开放前的学前教育事业的发展起到了重要作用。1979年《城市幼儿园工作条例》，同年《全国托幼工作会议纪要》；1983年《关于发展农村幼儿教育几点意见》；1987年《关于明确幼儿教育事业领导管理职责分工的请示》。由于我国之前相关法律缺乏，这些文件担负起了相关法律的作用，其贯彻执行对学前教育事业的发展起到了规范的作用。为适应社会主义现代化建设的需要，那些经过实践证明正确的方针，也将以法规的形式固定下来，推进我国学前教育事业法制化的进程。

（三）学前教育管理逐步走向科学化

1.法规制定、颁布与决策实施的科学化

我国改革开放以来，陆续出台的一些法规都是在总结学前教育行政管理的历史经验基础之上，经过长时间调查、实验、研究之后制定的。《幼儿园管理条例》《幼儿园教育指导纲要》等学前教育管理的法规制定，都经历了很长的调查过程，最初颁布的都是试行方案。如1989年《幼儿园工作规程》的试行方案，经过试行，删去和修改了不能适应我国学前教育事业发展的条款，1996年执行正式的《幼儿园工作规程》。国家对相关法规的制定是慎之又慎，确保决策的科学化。1980年以来，每次重大的学前教育行政管理决策前，都邀请知名学前教育专家进行研讨，专家们所从事的研究为学前教育管理决策提供依据，发挥理论研究者的专业优势。

2.重视引进西方先进的管理理论

1990年以来，国外一些先进的管理思想传播到国内。开放教育思想及市场经济管理体制理论等对教育管理活动产生了影响，学前教育管理呈现了多元化的管

理模式。"五常法"管理模式、园本管理模式等是对我国学前教育管理影响较大的理论及管理模式，对于我国学前教育管理的规范化起到推动作用。

3.科研院所和专家学者的作用越来越受重视

1949年以来，国家和地方的教育行政管理部门重视学前教育专家的作用。学前教育有关政策制定，学前教育发展规划的出台等都聘请专家参与，政府部门还提供专项经费资助相关的课题研究。2011年为贯彻落实《国家中长期教育改革和发展规划纲要（2010—2020年）》，建立科学的幼儿园保教质量评估体系，全面提高学前教育质量，对国家有关学前教育质量监督管理和制度设计提供专业咨询，为专家学者参与学前教育行政与管理提供了渠道。

第四节　学前教育机构管理的原则与方法

一、学前教育机构管理的原则

（一）学前教育机构管理原则的含义

对于"原则"，《现代汉语词典》：说话或行事依据的法则；指总的方面。依据第一个解释，"原则"指的是基本的行为准则和要求等。原则是人们对客观规律认识的反映。管理原则是指导管理工作的行动准则。任何组织要有效地运行，必须遵循管理原则。学前教育管理的原则是教育管理活动必须遵守的准则，是正确处理学前教育管理中问题与矛盾的指导原则。学前教育管理原则具有实践的价值，将学前教育管理原理条理化、具体化为学前教育管理工作中的具体要求，指导各种管理方式的运用、各项组织机构的建立等。管理者遵守这些原则就可以达成理想的管理效果，减少盲目性，为学前教育机构管理目标的实现保驾护航。

（二）确立学前教育机构管理原则的依据

1.教育的基本规律

教育是人类社会特殊的活动，是培养人的活动，具有阶级性。教育是上层建筑，为政治、经济、社会的发展服务，教育的发展也受到社会政治、经济、文化发展的制约，体现了教育和生产力与政治经济的关系；教育要满足其促进教育对象身心健康发展的需要，教育活动要研究教育对象。教育管理原则的制定要以二者的结合，把教育活动的本质特性作为制定教育管理原则的基础，要符合学生个体的发展需要。

2.管理的基本规律

（1）整体优化原理

管理是相对组织而言的，任何组织要实现管理目标，就要把组织管理的要素，如人力资源、固定资产、信息等排列组合成为有机的组织整体系统。组织是整体，整体系统是由相互作用的若干个有区别的子系统组合而成。组织的整体性质不是各部分的简单相加，组织功能要大于多个部分的简单代数和。整体要不断通过调节内部组织系统使组织更好地运行，以顺利实现整个组织的管理目标。管理者在考虑问题时，应站得更高；在管理组织机构时，要有整体意识，把组织的整体目标作为活动的出发点，作为考量管理绩效的依据。

组织作为整体，有整体的管理目标，各部分也应有各部分的岗位职责、目标，正是各个部门目标的有机结合，才构成了整体目标。作为普通员工，要了解在整个系统中自己的地位，认识到相对于总体目标来说自己的从属地位，有大局观；能从整体出发，和其他部门通力合作。

（2）合理组合原理

组合是指组织是按照何种结构将各部分要素形成整体。同样的管理对象，不同的组合方式，会形成不同的组织关系，产生不同的管理效应。合理的组合使组织结构更严密；可以使各要素间更具聚合性，形成有机的整体；使各要素间具有更好的适应性，具有自我控制、完善的功能。合理的组织安排能发挥员工的特长，使不同的员工之间扬长避短；不合理的组合导致员工间相互斗争拆台，陷于内耗之中。

为更好地提高效率，学前教育机构在组建领导班子，选择配班老师时，需遵循合理组合原理。要考虑配班老师的业务水平、不同特长，考虑年龄、性格等，合理组织班级老师。

（3）动态平衡原理

任何事物是在不断发展变化的，所处的外界环境和自身因素都在变化运动，都可能打破原有组织系统的平衡。作为管理者，要不断调整自己的管理活动，不断地对组织管理进行调整，而不是故步自封。

时代的不断发展决定了管理方式要发展，如二十世纪五、六十年代，人们思想单纯，政治教育曾被作为最主要的管理方法，社会主义市场经济时期管理者只停留在高谈思想教育，很可能导致人才的流失。在组织的不同发展阶段，管理者所扮演的角色也有很大的不同。如在组织的初创时期，管理制度不甚完善，管理者更多地运用行政指令的管理方式，多是身先士卒；到了组织发展相对成熟时候，组织形成了完整的规章制度，更多的管理过程是照章办事，日常管理更多的是"例外管理"，高层管理者的任务更多的就是做出决策。

（4）人本原理

人是生产力中最活跃的因素，管理活动中最核心的要素。人、财、物等都是管理的基本要素和对象，但人是唯一具有能动性的资源，资源都需要由人来掌控，才能发挥作用。人是第一生产力，管理的核心是调动人的积极性，管理的成效如何取决于人的能动性调动。在管理工作时，管理者要考虑被管理者是具有独立人格的个体，不能把被管理者当作"会说话的工具"。人作为特殊的资源，既是管理的手段，但更是管理目的。

在制定学前教育机构管理原则时，管理者应考量学前教育机构特点，协调处理好各种关系，如学前教育机构内部不同工作间的关系、投入与产出之间的关系等。关系为出发点，以事实为依据，科学地运用管理理论，管理者能实现对学前教育机构的管理。

（三）学前教育机构管理应遵循的基本原则

1.方向性原则

方向性原则：学前教育机构需坚持社会主义办园的方向，坚持以教育婴幼儿目标的办园方向。

作为教育机构，托幼机构的天职是要保育婴幼儿。学前教育是基础教育的基础，儿童是社会主义事业的接班人，教育质量关系着婴幼儿的健康成长。《幼儿园工作规程》："对三岁以上幼儿实施保育和教育的机构，是学校教育制度的基础阶段。"任务：施行保育和教育相结合的原则，促进幼儿身心和谐发展。《规程》："幼儿园为家长参加工作、学习提供便利条件。"这要求学前教育机构要服务好家长。纵观世界范围内的学前教育，都把保育和教育婴幼儿、服务家长作为主要任务。

（1）明确教育目标和树立办园思想

教育是上层建筑，管理者需明确学前教育机构管理是有目的的活动。在管理实践中，管理者要考虑学前教育机构为谁服务，培养什么样的人。

管理者在学前教育机构举办过程中，要考虑经济效益，把教育效益和社会效益放在优先位置，以有利于婴幼儿的健康和发展，实现群众需要为出发点。对民办学前教育机构来说，只有把"教育婴幼儿、服务家长"作为指导方针，贯彻以儿童的发展为核心的理念，体现为家长提供方便的立园之本，才能得到认可。只有为婴幼儿提供高质量的教育，为家长提供更个性化的服务产品，民办学前教育机构才有可能在激烈的竞争中站稳脚跟。

（2）加强思想引导和优良园风建设

培养教育人的场所——学前教育机构。学前教育机构为更好地教育婴幼儿、服务家长，要注重政治思想工作，提高教职员工素质，不断激励保教人员为实现育人目标而奋发努力。

2.整体性原则

社会系统的组成部分——学前教育机构是，其本身是系统整体，由相互作用的各个部门、工作方面人员组成的。整体性原则：实现学前教育机构的目标，以保教工作为中心，统一指挥，全面发挥学前教育机构的教育功能。坚持整体性原则帮助处理学前教育机构管理工作中的主要和次要工作、整体利益和局部利益间的关系。

（1）保教结合、全面安排

保教工作是学前教育机构的中心工作，"保教结合"是学前教育区别于其他阶段教育最主要的特征。学会自理和劳动是人能够生存的基本条件，只有先学会生存，人才能学会学习、学会做人。开展学前教育机构活动时，须以保教工作为中心，坚持保教并重。

学前教育长期以来实践中存在着"重教轻保""重智轻体""重智轻德"的现象。有些家长过于急功近利，为了迎合家长的心理，有些园所过分强化读写算训练，忽视了对他们良好生活习惯和良好性格的培养。作为学前教育机构管理者，应以保教工作为中心，全面安排教育教学和卫生保健工作。

（2）重视学前教育机构内各种因素的整体协调

学前教育机构各组织部门虽承担着不同的职能任务，但最终目的是为教育婴幼儿、服务家长，食堂、保卫等人员要配合教师的保教工作，以保教工作为中心。管理者要加强对园所各类工勤人员的教育，以教师的标准来要求自己。学前教育机构要善于整合资源为保教工作服务，如在教室装饰等方面要体现出教育理念等。

（3）协调家庭、社区各方面的力量

作为社会大系统的子系统，学前教育机构会受到各种因素的影响，学前教育机构和家庭、社区的关系会随着时代的发展越来越密切。学前教育在儿童成长的过程中占据主导地位，家庭和社会教育的作用是学前教育不能替代的，要善于整合园内、园外资源，以达到最佳的教育效果。

3.民主管理原则

民主管理原则：学前教育管理过程中，要完成管理目标和建立人际关系，管理者要善于处理和群众的关系，力求全员参与，为更好地实现管理目标而服务。

民主管理是现代管理的精髓，人是管理中最积极的因素，管理的核心要素是人。学前教育机构实行民主管理，使教职员工参加园所的决策和管理过程，调动大家的积极性。坚持民主管理的原则能正确指导管理者处理管理过程中领导与群众、组织与个人间的关系。

（1）管理者从思想上要重视走群众路线

作为管理者，应从群众中来，到群众中去，完成工作任务和关心下属的关系，通畅下级员工反映问题的渠道。如果管理者过分强调领导地位，只会拉大自己和群众的距离，甚至成为"光杆司令"。越是谦虚的领导，往往越能得到大家的尊重，使大家相互尊重、相互支持，为实现园所的目标而努力。

（2）要为群众参与管理提供组织保证

在学前教育机构管理中，民主管理需以组织和制度做保证，为群众参与管理创造组织条件。学前教育机构应定期召开职工大会、党政联席会议等，使教职员工对园所的重大决策有知情权，有机会参与讨论；日常工作中教职员工反映问题的渠道，使教职工通过正当的方式能维护合法权益。工会是教职员工自己的组织，可以配合园所行政工作。

（3）要注意民主和集中相结合

民主和集中是相对的，在充分发扬民主管理的同时，管理者必须用好决策权，把握正确的办学原则。对不同岗位的员工来说，看问题的立场和观点也就不同。基层教师看待问题只从自己的立场出发，失之偏颇。管理者要站在全园所，要从大局出发，不能一味地充当老好人，只有通过充分的沟通才能做出符合集体利益的决定。

4.有效性原则

管理的根本目的在于提高效率，充分发挥管理的生产力职能，为社会做出贡献。对学前教育机构来说，以较少的投入培养出更多符合社会要求的人才奠定坚实基础。

学前教育管理的有效性原则：学前教育管理要树立效益目标，根据合理计划、有效监控等措施，挖掘潜力，合理、高效地完成管理和教育目标。管理者不能满足于做忙忙碌碌的事务主义者，要讲求管理工作的效益。学前教育机构的管理者必须研究人力、财力等方面投入带来的效能；既关注机构经济效益，更要追求管理活动的效益，提高保教质量。

（1）建立合理的机制

学前教育机构要科学地设置组织机构，做到层次清楚，既统一领导，又分工协作，避免多头管理。各部门要有职、有责，要因事设岗，不因人设岗，导致相互推诿。学前教育机构管理要以有效性为最终目标，规范各组织部门的权力和责任；形成稳定工作程序和制度，通过对各类人员的考核，奖优惩劣。

（2）实现人力、物力、财力的合理配置

学前教育机构的人力、物力、财力很有限，必须做到合理配置。管理者对员工的整体状况全面了解、分析，建立档案。在使用人才时，做到知人善任，在干部提拔等方面通盘考虑。对不同能力和水平的教师与保育员要有不同的要求。

学前教育机构要坚持自力更生，开源节流。无论对于公办园，还是私立园，都要考虑降低成本，力求少花钱、多办事。园所要加强对教学仪器和设备的管理，防止不应有的损耗。

管理者要重视对学前教育机构时间和信息的管理。园长要合理安排工作，分清主次、轻重，提高时间的利用效率，把更多的时间留给基层教师。信息作为特殊的资源，是管理者进行计划的依据，也是管理者加强和教职员工相互沟通的纽带，加强信息管理对机构也有重要意义。

5.经济效益和社会效益相结合的原则

学前教育机构作为社会组织，应为社会主义现代化建设服务，应为维护社会公平、构建和谐社会服务。学前教育机构管理应兼顾经济和社会效益。

（1）坚持学前教育的福利性

学前教育的性质决定了机构要为国家、人民服务，公办园所要以满足社会需要为出发点。管理实践中，学前教育机构适当提高收费，提高教职员工的待遇福利本无可厚非，但管理者如果盲目跟风涨价，会造成社会不公，丧失机构应有的福利性，这与我国政府大力倡导教育公平是背道而驰的。

（2）采取多种措施确保经济、社会效益并重

我国优质学前教育资源较匮乏，为更好地发挥优质园所的引领示范作用，鼓励条件较好的公办园所对刚起步的私立园所提供帮助，尽可能地注重社会效益。对于私立园所，服务社会和追求利润间并不是矛盾的。在追求回报的同时，也要考虑社会性，为国家和政府分忧，也能够得到政府更多的优惠政策和资金支持。

以上原则间是相互联系、不可分割的，共同作用于机构的管理过程中。学前教育机构自身是整体系统，管理过程非常复杂，管理者要处理好园所内部的事，也要处理园所与社会环境间的关系。以上只是最基本的原则，还需要管理者在管理实践中不断地学习和探索。

二、学前教育机构管理的方法

（一）行政方法

1.行政方法的含义

行政方法——行政指令法：学前教育管理者依靠上级组织机构赋予的权力，对被管理者产生影响的管理方式。

行政方法：管理实践中运用得最多的管理方法。管理者和被管理者之间职责和从属关系明确，管理者是上级，被管理者是下属，处于管理者地位的人或组织有责任、有能力支配下属的行动。任何管理活动，都是无效或低效的，行政方法是上级对下级有指挥和控制的权力。

2.行政方法的特点

（1）快速有效

行政方法是上级对下级的直接指示，对象明确，不需要第三方的介入，这种管理措施发挥作用比较快，能快速地调动人、物等资源，要求参与任务者行动一致。

（2）强制性

行政方法是以上级组织及管理的权威为前提的。由于管理者和被管理者间的关系明确，管理者有权对下级的行为进行干预。对被管理者不服从指令的行为，管理者具有强制制裁的权力。

（3）无偿性

因为行政指令中上下级的所属关系存在，上级对下级的人、财、物的调配和不考虑价值补偿，根据上级的需要进行调配。管理者虽也会给被管理者的工作任务给予酬劳，但这并不是必需的。

3.运用行政方法应注意的问题

行政方法运用广泛，在日常管理中有着不可替代的作用，这种管理方法的缺点十分明显，需要在运用的过程中对此有认识。缺点：由于行政指令是上级单方面做出的决定，过分强调上级的权威性，导致官僚主义和长官意志；这种方式很多时候是"临时决定"，缺乏工作制度和长效体制，随机性较大，领导的变更就会引起相关指令的变化；容易打乱下级的工作常态，他们的愿望和要求容易受到忽视；管理方式强调园长的管理主体地位，在执行的时候缺乏下级之间的横向联系。

（1）管理者要通过加强学习正确认识权力作用

学前教育机构实行园长负责制，园所领导被赋予了较大权力，自身管理水平如果有限，简单地认为自己是一园之长，到处发号施令，随意强制下级员工服从自己的主观意志，滥用行政方法，结果往往适得其反，使自己丧失威信。园所管理者要通过展现管理及专业上的才能，让教职员工心服口服。

（2）灵活有度地运用行政方法

在运用行政方法时，管理者要根据不同时期、背景的情况，把行政方法限定在必要和可行的范围之内，除非特殊状况，只对直属部门的人员交代事项；下达指示时，着重要求目标的完成，多给副职和下级以施展的空间；管理者分配工作任务时，可以多花点时间与教职员工沟通，引导其理解工作的重要性与意义，调动工作积极性。

（二）经济方法

1.经济方法的含义

学前教育管理的经济方法：学前教育机构管理者运用经济杠杆，调节、影响教育活动，以实现管理活动目的的方法。根据教职员工不同的工作表现，采取措施，制定标准方式进行分配薪酬。如运用绩效工资及各种福利、罚款等方式，引导和调节教职员工的福利待遇，提高工作效率。

如一位伟人所说："我们不能饿着肚子去明理宣道。"物质利益是工作的最基本动因。一个人要生存和发展，必须以物质基础做保障。运用经济调节利益关系，把个人、集体和国家利益结合起来，提高全体教职员工的积极性和责任感。

现代社会的管理，要借助于经济方法不承认经济利益的作用，无异于掩耳盗铃。尤其是在社会主义市场经济形势下，经济方法在管理中的运用是客观要求，它是提高园所管理成效的行之有效的方法。经济利益的不同反映一个人薪水的多少，薪金等级也是对人工作水平、价值的肯定。

2.经济方法的特点

（1）间接性

经济方法的特点就是不直接干预人们的行为，通过制定和经济利益相关的措施，不同工作的绩效等来对工作状况进行区分，绩效级别高的，获得的经济利益多，通过调整教职员工获得的利益间接影响其行为。

（2）有偿性

经济管理的方法承认个人工作效益和收入差异，把员工的工作业绩和经济利益直接挂钩，多劳多得、优劳多得、不劳不得，依据其不同的劳动结果，每个人获得不同的报酬。

（3）平等性

在经济管理方法中，经济利益的标准是公开的，在同一价值尺度下，达到相同的标准，所获得的经济报酬每个人都是一样的，对于每个人而言是平等的。

3.运用经济方法应注意的问题

经济方法的最大作用是把个人利益与工作业绩及园所的整体利益结合，使教职员工看到努力工作的利益，有利于在园所内部形成有效的竞争，"吃大锅饭"的现象，给园所发展带来活力。但经济方法的运用具有局限性。心理学研究认为人不是"工具人"，也不是"经济人"，是"社会人"，人们除了物质需要之外，还有精神需要和自我实现的需要等，在运用经济手段时需要注意：

（1）管理者要认识到经济并不能解决一切问题

钱虽然很重要，但绝不是万能的。实践中，过度的经济导向容易导致金钱至上，过分地使用经济手段容易出现相互攀比等不良现象。

（2）要坚持奖惩结合的原则

奖励和惩罚都只是手段，使用时要慎重。奖得太过，无人珍视；罚得太广，无人畏惧。目的都是为了搞好工作，不能为罚而罚、为奖而奖。

（3）要统筹兼顾

管理者要考虑到人与人间的能力差别，所以，在运用经济的方法时，要考虑不同工作水平的经济报酬的差别，提供给员工最基本的物质保障。

（三）激励方法

1.激励方法的含义

激励方法：教育管理活动中，运用思想政治工作理论和行为科学的理论，提高员工的思想认识，调动教职员工工作积极性的方法。

核心是要调动人的积极性，积极性的本质特点是自觉和主动性。学前教育管理中，运用激励的方法，帮助教职员工认识到学前教育对社会发展的奠基和价值，产生神圣的工作使命感，创造性地开展工作，提高园所的工作效益。学前教育行业工资待遇在当前背景下不高，教师的付出与地位和经济待遇不甚相称，思想政治教育的方法对于激发教师工作的积极性具有不可替代的作用。

2.激励方法的特点

（1）启发性

激励的方法是通过对其世界观、价值观的引导，改变思想意识，影响其工作状态。

（2）长期性

人的思想意识的改变是长期的过程，激励的方法是长期的过程。

3.运用激励方法应注意的问题

（1）把思想工作和满足教职工的需要结合起来

要调动群众的积极性，得关心群众的疼痒，解决群众的衣食住行问题。为调动教职员工的积极性，要注意发挥物质需要对形成教职员工职业道德的促进作用。要满足教职员工基本的物质生活需要；营造良好氛围，主动地找员工聊天谈心，为其提供成长空间和机会。

（2）教育的内容要讲究科学性

在对教职员工进行思想政治教育时，内容要符合我国社会主义的实际情况，联系学前教育领域内的方针；针对教职员工思想，实事求是，不讲大话；掌握人性的理论，切中要害。行为科学的激励理论：人们对需要的满足感，与自己付出劳动后取得的报酬有关，还与处于同等情况下的他人比较是否感到公平有关。管理者要从思想和物质方面满足员工的合理要求，激励教职员工。

（3）谈话方式要讲究艺术性

对教职员工思想教育的激励工作是科学，更是艺术。方法能否奏效，在于管理者能否按照思想活动的规律，因时、因地、因人灵活运用。管理者在运用此方法时，要选择合适的地点，营造良好的气氛；充分认识到教职员工思想问题的长期性，不能操之过急；着眼于教职员工积极的一面，对于犯错的教职员工，管理者也要做出整体评价，肯定优点，不可将其一棍子打死。

（四）法治方法

1.法治方法的含义

法治方法：管理者运用各种法律、条例、指示等对园所工作进行指导和影响的方法。

法治方法对促进学前教育管理事业的规范化，保障学前教育事业的健康发展有重要的作用。随着社会主义各项事业的发展，政府相继颁布与学前教育相关的法律法规，一些专门的学前教育法规、条例也相继出台，通过各项法规文件的颁布执行，实现了对我国学前教育事业的领导，明确了我国学前教育的宗旨，对于推动学前教育工作的展开起了决定性的作用。

2.法治方法的特点

（1）规范性

法治的方法：利用法律武器，以法律为准则对学前教育活动进行指导。法律由国家和相关部门制定，所以，学前教育相关法律是规范学前教育活动的统一准则，在从事学前教育活动时都必须依法办事，产生疑问由相关部门给予解释。

（2）强制性

法律的制定：以国家强制力做后盾，法律文件明确告诉人们什么是好的或不好的，什么可以做或不可以做。法律颁布实施，所有人都要按照法律行事。

（3）稳定性

法律法规适用于所有相关人员，由于具有普遍的约束力，对相关活动具有影响，它的制定和废止都非常谨慎。在法规正式颁布前，要向社会公布，征求意见；重要的法规还需经过试行，保证其规范性。

3.运用法治方法应注意的问题

（1）健全教育法规

实现法治方法的关键是法律的制定。法律的制定具有滞后性的特点，要求各级行政及管理部门与时俱进，及时出台相关文件，对过时的法律法规进行修订；借鉴国外的先进经验，建立适合国情的学前教育法规体系。

（2）做到依法办事

再好的教育法规如果不能依法办事也是一纸空文。在学前教育管理领域，员工要认真学习法规文件，履行自己的权利和义务，社会各界也要做到依法办事、有法必依。

（3）彰显人文关怀

法治的方法并不是万能的，约束只能在有限的范围内。法治的方法也有局限性，如刚性过强等，管理者不能过分地生搬硬套。法律的惩罚并不是终极目的，管理者应抱着"惩前毖后、治病救人"的态度，彰显人文关怀。

以上几种方法是管理实践中常用的基本方法，任何方法的作用都有优势和局限性，在教育管理实践活动中，是相互联系的，需要管理者综合采用多种管理方法。学前教育管理学方法的运用需要管理者用心去揣摩、研究，才能获得理想的管理效果。

第二章

浅析学前教育组织管理

第一节　学前教育政策与法规

一、学前教育政策

（一）学前教育政策的含义和特点

学前教育政策：党和国家为完成学前教育任务，实现学前教育培养目标，对相关部门或个人该做什么和不该做什么等相关行为准则的战略性兼具现实针对性的相关规定。学前教育政策是实施学前教育行动的指南，对学前教育的发展起着重要的指导作用。

1.目的性

学前教育政策受价值取向的影响。学前教育政策是人们依据需要制定出来的，具有明确的目的性。制定学前教育政策，人们就行动做出设计，是为了解决某类问题，明确的目的性是学前教育政策的基本特征。

2.系统性

学前教育政策是政策体系中的有机组成部分，又组成了相对独立的体系。学前教育政策的系统从横向来看包括表现为它与其他公共政策有密切的联系，之间相互支持、制约，构成了社会发展的政策；从教育内部看，学前教育政策是结构严谨的体系。学前教育政策的系统性从纵向来看包括：中央与地方学前教育政策及其相互关系；学前教育政策在时间链中，连接过去、现在和未来。

3.灵活性

一经制定公布，学前教育政策不能随意变动。但学前教育政策的稳定性是相对的，任何学前教育政策都要做出调整和改革，具有灵活性。学前教育政策内容，实施中具有灵活性。

（二）学前教育政策体系

1.学前教育质量政策

学前教育质量政策要解决的是保教质量问题。国家要制定出保教质量标准，以及如何实现这些标准做出政策规范。

2.学前教育体制政策

学前教育体制政策要解决教育发展问题：谁来办学前教育，怎么办，谁来管理等。国家要制定政策处理好中央与地方及教育行政部门间、政府与幼儿园的关系。

3.学前教育经费政策

学前教育经费政策要解决如何筹措学前教育经费、如何分配及如何使用等问题。如《国务院关于学前教育的若干意见》："各级政府将学前教育经费列入财政预算。教育经费新增要向学前教育倾斜。各地根据实际制定公办幼儿园经费标准和拨款标准。"

4.幼儿教师政策

幼儿教师政策是要解决如何建设数量充足、质量高的教师队伍问题。《幼儿园教师专业标准（试行）》《关于规范小学和幼儿园教师培养工作的通知》等文件体现了国家对加强幼儿教师队伍建设的重视。

二、学前教育法规

（一）学前教育法规的含义和特点

学前教育法规是国家依照法定程序制定的，法律主体在教育活动中发生的社会关系的法律规范的总称。制定落实学前教育法规，对学前教育管理的规范化、法制化有重要的意义。

1.规范性

学前教育法规是按法定程序，以法的形式对学前教育相关部门或个人的行为准则所做的规定。它是必然要求，须通过国家立法机关制定才具备法律效力，根本上保证学前教育法规的权威性。

2.强制性

学前教育法规是调整活动过程中社会关系的法律规范体系，法律规范是由国家保证实施的，有约束力。学前教育法规作为法律规范的组成部分，通过国家强制力保证实施，而且强制力具有普遍性，违反了学前教育法规，要受到法律的制裁。

3.稳定性

学前教育法规是在贯彻党和国家的学前教育政策经验基础上，集中人民群众的智慧后，经过制定和修改程序确定下来的，是比较定型化的学前教育政策，因此具有较强的稳定性。

（二）学前教育法规体系

学前教育法规体系不是孤立的，是法规体系中的一部分。我国的教育法律体系主要有五个层次。

1.由全国人民代表大会制定的教育法。以宪法为依据制定的基本法律规定我国教育的基本性质、任务和基本教育制度等。教育法是"母法"，是协调教育部门内部的基本准则。作为教育领域的基本法律，由全国人民代表大会制定。

2.由全国人民代表大会常务委员制定的教育单行法。根据宪法和教育基本法制定的调整某类教育。调整某类教育的教育法律如《中华人民共和国义务教育法》《中华人民共和国高等教育法》，调整教育的具体部分关系的教育法律。我国的教育单行法属于一般法律，一般由全国人大常委会制定，名称通常称为"法"。

3.由国务院制定的教育行政法规。为实施教育法而制定的规范性文件，它解决较为具体的和单行法未予规范的问题，行政法规加以调整，行政法规由国务院制定和发布。我国的教育行政法规的文件名称有"条例""规定""意见"等。

4.由省、自治区、直辖市的权力机关及其常务委员会制定地方性教育法规。地方性法规是由省、直辖市及其常务委员会为执行国家有关教育的法律，根据本行政区域的需要制定的规范性文件。自治条例是民族自治地方的人民代表大会依照当地政治、经济和文化的特点而制定的。地方性法规和自治条例规范着各地政治和文化等活动，有关教育活动的法律规范是教育法体系的组成部分。地方性教育法规——"条例"，有时也采用"规定""补充规定"等名称。

5.由国务院各部制定的教育规章。政府规章的制定依照法律和行政法规，因实际工作的需要而决定其内容。如《中小学幼儿园安全管理办法》等。省、自治区、直辖市和经国务院批准的较大的市人民政府根据需要而制定的规章。由于各地差异，法律规范因地而异。教育行政规章的名称有"规定""实施办法"等。

三、学前教育政策与法规的相互关系

（一）学前教育政策与法规的联系

学前教育政策和法规有共同的指导思想，是国家管理学前教育的重要手段，两者有着密切的内在联系。

1.一致目的

两者都是上层建筑的部分，目的是为了调整和规范学前教育活动，规范学前教育主体的权利，更好地实现国家学前教育管理职能。

2.共同意志

学前教育政策体现的意志是相同的，是国家和人民的意志。学前教育政策和法规是针对公共教育问题而制定的。当社会上大多数人遇到了共同的学前教育问题，这些问题需要解决时，政府才会制定学前教育政策。学前教育政策和法规都是人民群众意志的体现。

3.相互依存

学前教育政策是制定法规的依据，在一定的条件下稳定的学前教育政策可转化成学前教育法规。法规是学前教育政策得到实施的保证，由国家强制力保证实施，具有规范性。

（二）学前教育政策与法规的区别

尽管学前教育政策与法规是一致的，但不能将两者混同起来，区别很明显。

1.制定机关不同

学前教育法规由国家机关根据立法程序制定。如《教育法》由人民代表大会审议通过，《幼儿园管理条例》经国务院批准。学前教育政策可以由国家机关，也可以由政党制定。从国务院到地方人民政府，从中央教育部到地方教育行政部门，都参与了教育政策的制定。

2.约束力不同

学前教育法规的特点：国家强制性，对成员都有约束力。学前教育政策只对某部分人有约束力，指导性作用只在一定范围内公布。

3.表现形式不同

学前教育法规的制定较具体和详尽，注重条款的规范性，对适用的条件和情况及违反者所承担的后果有明确表述。法规条文使用从词语看，是说明式的直陈句，一般是主语明确的完全句，使人一看就知道做什么、不得做什么。学前教育政策表述具有原则性，写明某项政策的背景及原则性的要求，一般不具有法的严格条文格式等内容。

4.实施方式不同

学前教育法规以国家强制力保证实施，它要求人们必须做；是必须这样做。若不按法律规范做，需承担法律责任。学前教育政策的执行，靠党组织的领导干部、公务员和工作人员发挥，也靠党的纪律、思想政治工作激发自主和主人翁意识。

5.稳定性不同

学前教育法规是在总结党和国家的学前教育政策经验的基础上，通过集中人民群众的智慧后，经过制定和修改程序确定的，是较成熟的学前教育政策。学前教育法规一经制定，不得修改或废止，具有较强的稳定性。学前教育政策随着社会发展和任务的变化需要适时做出调整，必须不断完善，具有灵活性和指导性。

6.调整范围不同

学前教育法规就教育活动的根本和教育的基本关系加以约束，调整的范围比学前教育政策要小一些。政策的灵活性和及时性，决定调整的范围更广泛，及时渗透到教育领域的各方面。

学前教育政策和法规的共同的本质，是保持协调一致的基础。但我们也会发现，两者间存在不一致情况。需要有法依法，无法依政策。有时我们也要特殊情况特殊处理，这考验着管理者的智慧。

第二节 学前教育督导

一、学前教育督导的概念和作用

（一）督导与评价

常看到政府官员或者专家到幼儿园指导工作，在幼儿园里他们到处走走看看，给园长提提意见。这是在进行督导工作吗？不一定，要判断他们的行为是否属于教育督导，得看以什么身份指导工作。有些人现实中会把教育督导与评价混为一谈，两者是有区别的。

教育督导是督导机构和人员在人民政府的授权下，依据教育方针、法规和教育目标，按照原则、程序和方法，对下级教育工作、行政部门和学校进行监督、评估，并向同级或上级人民政府反馈信息。

教育评价是依据社会的教育性质、方针和政策确定的教育目标，运用科学可行的方法，对所实施的教育活动效果、任务完成情况、目标实现程度，及学生的质量进行价值判断的过程。

教育督导具有监控性，本质在于监督执法；评价具有鉴定性，本质在于价值判断。评价是教育督导的重要手段。督导的主体与客体间具有上下级的行政节制关系，督导的过程是监督执法的过程。评价主体与客体间没有上下级关系，不具有行政监控的特性。

教育督导在教育行政管理中属专门性的监督系统，有专门的教育督导机构和人员，任何人都可能参与教育评价。

（二）学前教育督导的作用

管理者虽然总是通过制订计划、设计组织结构、领导来促进目标实现，但在执行过程中容易出现偏差。没有督导，管理者无法了解目标是否实现，以及该采取什么行动。学前教育督导成为学前教育管理的重要组成部分，因为它具有特定的职能，发挥着其他教育管理活动作用。

监督

监督：上级对下级的监察，目的在于使下级政府迅速有效、积极主动地执行学前教育方针政策，完成教育、教学等方面的任务。监督作用表现在：发现问题，通过检查发现教育发展中存在的问题；改进工作，防止执行过程中出现的偏差，确保管理活动的正常运行，推动各项工作顺利完成。

评价

评价是对事物的价值给予判断。督导过程也是评价过程。根据国家的教育法规政策和科学理论，运用科学的方法对单位进行客观或局部考核，搞清其成绩和不足。通过评价可以发现和总结办学经验，对其他部门产生良好的激励作用；评价也可以发现被督导对象存在的问题，通过解决这些问题，达到提高教育效率和质量的目的，对不按教育规律办事、教育质量差的教育部门给予批评和惩罚。

指导

指导：上级对下级工作内容及工作方式方法给以具体的指教。教育督导是了解情况的过程，从中总结经验，分析问题原因，提出解决意见。这是教育督导的目的所在。行政监督凭借法律功能实现，现代社会的发展已逐步走向以指导等动态功能为主，重视发挥人的潜在积极性。世界上许多国家第二次世界大战之后，对教育督导工作进行改革，扩大教育督导机构的指导。教育指导的范围广泛，从教育管理、内容到方法，从地方政府、行政部门到幼儿园都需要教育指导。

反馈

教育督导机构独立于教育管理的其他组织，掌握着上下级的教育信息，把上级的指示传达到下级政府和幼儿园，使"上情下达"，将下级执行的情况及决策的建议传递给上级有关部门，使上下级间信息畅通，提高管理效能。教育督导机构及其成员根据工作实际，为领导科学决策提供依据。

二、学前教育督导机构和人员

（一）学前教育督导机构

教育督导在我国由专门的教育督导机构承担。教育部1983年在《关于建立普通教育督学制度的意见》中提出。1991年《教育督导暂行规定》明确"地方县以上均设教育督导机构"，模式"由各省、自治区、直辖市人民政府确定"。我国教育督导机构形成了中央、省、地和县教育督导组织体系。

我国的省、地、县三级教育督导机构设置情况如下：

由主管政府领导，督导部门作为与教育部门平行的政府领导的独立部门。设置模式优点在于可以代表上级政府对下级教育部门的教学及管理工作监督、评估和帮助，代表政府对其所属的教育行政部门及其有关职能部门的管理工作施行督导职能，提高效率。将教育督导机构从教育行政部门中独立出来，对政府贯彻教育政策和教育事业的发展是有利的。缺点在于它与教育行政部门的关系不易协调。

教育督导机构设置在行政部门内部，由政府授权，比教育行政部门的其他职能部门的地位略高。督导机构的负责人由教育行政部门的领导兼任，模式考虑到教育行政和督导的统一领导和协调。教育督导部门享有更大的职权，利于督导工作的开展。不足之处在于权力来源不清，造成多头领导的局面。结果既不能实现督政功能，不能完成督教任务。

教育督导机构设置于教育行政部门内部，作为行政部门的综合职能机构之一，属教育行政部门。职责是代表教育行政部门对教育行政部门各方面工作进行督促、评价和指导，确保政策正确贯彻并提高效率。模式的优点是便于部门统一领导，对下级教育部门全面了解情况，推行政令，提高工效。不足在于它作为行政系统内的监督，虽能实现"督学"，但无法完成"督政"任务，使教育督导的作用受到限制。

2012年，国务院明确："国务院教育督导机构负责教育督导的机构在本级人民政府领导下独立行使督导职能。"为改变教育督导机构只是行政部门内设机构状况提供法律依据。国务院教育督导委员会的组成说明督导机构脱离教育行政主管机关存在，独立行使督政与督学职权。但教育督导机构与政府主管部门的关系未能厘清，教育督导机构缺乏独立性使得教育督导的处境比较尴尬。

（二）教育督导人员

教育督导人员又称督学。督学——专职和兼职。县级以上政府根据教育督导需要，为其配备专职督学。教育督导机构根据督导工作需要兼职督学。兼职督学的任期为3年，连续任职不得超过3个任期。2014年年底，全国专兼职督学8万多名。有人调侃督学是"金牌子，老头子，少票子"，督学的遴选条件十分严格，由教育行业内有经历的教师及关心教育事业的外行人才担任，督学的平均年龄都比较大。

任职条件：

坚持党的基本路线。

熟悉教育法律、规章和国家教育方针，具有专业知识能力。

坚持原则，品行端正。

具有大学本科以上学历，从事教学或者教育研究工作10年以上，实绩突出。

身体健康。

符合条件的人员经考核合格，由县级以上人民政府任命为督学。

督导人员的职责：视察与监督、帮助与指导、沟通与协调等。具体到督学，有范围与程度的不同。

三、督学和督政

（一）督政

督促政府对教育进行经费投入，监督政府对教育法规、出台政策是否执行。地方政府是发展学前教育的责任主体，全面落实学前教育三年行动计划，规范办园行为。

对地方政府督导评估的内容：

落实政府责任，完善管理体制，建立督促检查和问责机制等情况。

加大学前教育经费投入，构建学前教育公共服务体系等情况。

多种形式扩大教育资源，积极扶持民办幼儿园等情况。

加强幼儿教师队伍建设，落实并提高幼儿教师待遇，加强教师培养等情况。

规范学前教育管理，解决"小学化"倾向等情况。

提高学前教育水平，缓解"入园难"问题等情况。

（二）督学

对托幼机构办学质量、水平督导。目的是为促进机构的自主发展，提高托幼机构的教育质量。督导人员对幼儿园的检查是全面的，也可以仅是一方面。

督学的内容：

办园思想——办学方等情况。

办园条件——经费、教育玩具设备设施、教职工配备等情况。

办园管理——队伍建设、教育工作、后勤管理工作等情况。

保教质量——科学合理的保育和教育等情况。

四、当前面临的学前教育督导问题

（一）学前教育督导评估的理念定位偏差

现行的学前教育督导评估沿用"教育评价之父"——"行为目标"评价理念，以可观测的行为为标准考察教学活动及儿童发展与目标的差异程度。"用尺子衡量不同学校"颇具工业化时代特征的鉴定性评估，随着现代社会公众对园所质量多层次需求的提高，单一的鉴定性评价理念无法适应学前教育事业的发展，引发了诸多问题。

督导评估定位上倾向于将评估定位于目标管理责任制的工具——通过"贴标签式"将考核结果与"园所等级、职务升迁"等关乎直接利益的问题挂钩，拉大了评价者与被评者间的心理距离，在某种程度上以牺牲自主发展与儿童日常生活为代价。

督导评估手段上倾向于可计算的科学主义——通过制定评价指标体系，评出不同等级。量化评价虽然具有信度高的优点，但"对教育而言，量化评价把复杂的教育现象加以简化，无法从本质上保证对客观性的承诺，会丢失教育中最有意义的内容"，现象在丰富性与生活性的学前教育阶段凸显。量化结果运用上，通常行政部门进行简单的横向评价，忽视各类园所办园背景及园所所处的社会环境差异等，造成了人为的"马太效应"，加剧了不公平。

（二）学前教育督导评估主体凸显单一化

督导评估管理体制的建立是教育督评工作开展的重要载体。我国督导评估组织存在体制性壁垒，其在学前教育领域体现在：

教育行政部门作为督导评估主体不利于督评实现。当前各级政府的教育督评部门都隶属于同级教育行政机构，履职时往往造成"运动员、教练员一人兼任"状态，无法起到教育监督作用；在政府与园所关系上，政府处于支配地位。传统教育管理的政府将园所视为其附属机构，督导评估作为管理手段被赋予行政权威。

园所也将督导评估视为检查与验收工作，出现园所备检中"明知孩子不喜欢也要准备，因评估者喜欢"的状况。

社会中介教育评估市场发育不足。以第三方评估为依托是国际社会督导评估发展的导向，我国虽出现具有"中介性质"的机构，但对政府仍有相当的依赖性，评估市场发育尚未完善。由于缺乏统筹管理，实践中出现"一多二乱"的局面，令园所无所适从。尤为重要的是受传统权威政府评价的影响，园所对社会中介机构评价持怀疑态度，使社会评价的市场需求严重不足。

（三）学前教育督导评估运行机制有待完善

科学督导评估运行机制是学前督导评估深入推进的保障。我国督导评估机制在督政与督学方面存在"重他评轻自评"现象。

督政方面，政府更注重的是对园所的行政性督导，忽视对自身履职的反思与评价。自评概念近年来已超出园所范畴。我国此方面的意识较滞后，主要是：行政体制中上级监督下级的层级式督导关系由来已久，督导部门尚无监督同级政府的意愿；人大等部门对政府权力的监督力度尚待加强，针对政府执行力的联合督察较薄弱。

督学方面，园所自评机制尚未建立、发展自主意识不强。1990年后期发展性评估理念在我国传播以来，部分园所尝试进行自我评价。但缺乏相对健全的自评体系与制度，园所的尝试举步维艰。其内容仍然主要集中于对园所教育教学工作的归纳性叙述，既缺乏发展规划目标指引，没有适宜性指标，随意性较大。有的园所将自评演变为他评的预演，研究者将其归纳——"程式化""作秀式""尖子展示"。做法曲解了自评重在以及园所自我诊断、促进方面的应有之意。

（四）学前教育督导评估专业性不足

科学研究与实践反思是学前教育督导评估走向科学化的重要保障。我国学前教育督导目前评估研究缺乏，与实践结合的进程性研究更缺乏。

政府注重督评执行，督评运作与科学研究结合的自主意识薄弱。为学前教育督导评估科研立法、建立推广机制成为发达国家保障督导评估科学性的成熟机制。我国在此方面处于起步阶段，督导评估不健全且缺乏实证性的科学研究做支撑。政府将关注点落在贯彻执行上。

学前教育督导评估专业队伍建设是薄弱环节。从评估人员的素质看，学前教育督导评估人员以退休校长及行政官员为主。人员虽具有丰富的实践经验但缺乏评价理论，就开创性评价问题显得力不从心。从人员结构看，我国尚未建立相对健全的专业人员准入制度等，存在督导评估人员流动性大等问题。

我国学前教育督导面临诸多挑战，但好消息是关于改革正在深入且持续进行。

第三节　幼儿园组织文化与团队建设

一、幼儿园组织文化的含义

（一）幼儿园组织文化的定义

组织具有自己的特征，如友好、富有创造性等。虽文化很难精确测量，但任何组织都存在文化氛围，通常会被员工认可。

有园长在回答对幼儿园组织文化的看法时："我无法准确定义，当看到时，就能下判断。"给组织文化下定义挺难的，但还是需要有基本的定义帮我们理解现象。斯蒂芬·P·罗宾斯将组织文化界定：组织成员分享的共同意义，将组织与其他组织区分开来。文化的精髓可以用下列特征概括：

创新与冒险。

注重细节。

结果导向。

人际导向。

团队导向。

进取心。

稳定性。

每个特征都存在于由高到低的标尺上，以特征来评价组织，能得到组织文化的描述。成为组织成员对组织产生理解的基础，包括事情在组织中如何进行，及成员应如何表现等。

幼儿园组织文化：幼儿园在长期发展中形成的，为成员普遍认同并遵循的价值观及行为方式总和。幼儿园特有的园徽和园歌、团队精神、严谨的规章制度，甚至环境中常用造型等，都体现出幼儿园独有的组织文化。

（二）强文化与弱文化

幼儿园组织文化可以分为强文化和弱文化。如果大多数员工对幼儿园的价值观都有同样的观点，那么这种文化便是强文化；如果成员各持己见，那么这种文化就是弱文化。

在强文化中，幼儿园的核心价值观深入人心且广为人知。核心价值观接受的成员越多，文化影响也就越深刻，因为高度一致会在组织内部创造高度的行为控制力。

强文化的具体结果是降低员工的流动率，因为在强文化中，员工和幼儿园的立场保持高度一致。目标的一致性带来了凝聚力及组织承诺，降低了员工离开组织的意愿。

二、幼儿园组织文化的营造和维系

（一）组织文化如何开始

现行幼儿园管理和做事的一贯方式，可以归结为以往努力的成果。令我们发现组织文化的最终源头是幼儿园创始人。不受先入为主的惯例，创始人描绘组织发展的愿景，创始人可以令所有成员支持自己的愿景。

营造组织文化的方法：创始人可以只聘用和自己的想法相似的人；将自己的思考和感受在社交中灌输给他人；创始人行为也鼓励着员工与自己保持一致，令员工内化价值观和前提假设。创始人的人格在组织成功时就嵌入了文化当中。

（二）保持组织文化的活力

一旦幼儿园组织文化建立起来，内部措施会维持文化的现状，如让员工体验类似的经历等。选择过程、员工培训及晋升过程等是为了确保组织雇用的员工能与组织文化相一致，奖励支持组织文化的员工，惩罚挑战组织文化的员工。管理者为保持组织文化的活力，要注重员工的社会化过程。

不论管理者在甄选员工时多么用心，新员工还需要帮助才能适应文化。适应组织文化的过程——社会化过程。

将员工社会化过程分解为：初始、碰撞与调整。初始状态：员工刚进入幼儿园时对幼儿园的认知和期望。如新员工对工作感到兴奋，觉得和孩子在一起是愉快的。可能他们没意识到以后需要花很多精力去关注孩子的不安全因素。管理者应利用甄选帮助新员工经历社会化的过程——告诉员工幼儿园的真实情况，以便找到适合的员工。进入幼儿园后，新员工就进入碰撞阶段，他们会面对期望与现实存在差异的问题：对工作、上司或者幼儿园整体的期望。当然，恰当的招聘过程能防止这种结果。最后，要解决在碰撞阶段中所遇到的问题，员工必须改变。如调整预期，明白幼儿教师不那么好当。在这时候管理者要帮助员工完成社会化过程。

社会化的过程结束时，成员已接受了组织和工作群体规范，他们感到被同事信任。他们了解幼儿园的制度，且知道幼儿园对自己的期望是什么。换句话说，他们适应了幼儿园的组织文化。

（三）组织文化的功能

管理者要考察组织文化的功能，组织文化具有价值，因为它规定了事情是如何进行的。但管理者不能忽视组织文化带来的风险。

熏陶功能

有些人的积极心态能激励别人，有的团队本身毫无斗志还会把别人拖下水，如果有这种感受，那么你就体验到文化氛围的影响了。教师的一言一行、一招一式会成为幼儿仰慕的对象，会对周围的同事产生影响。组织文化是"润物细无声"地对成员的知、情、意、行、思起着潜移默化的熏陶作用。

导向功能

组织文化形成，就产生定式，定式自然而然地把员工引导到目标上来。组织提倡什么、摒弃什么，员工的注意力就转向什么。当组织文化成为强文化时，对员工的影响力越大，转向就越自然。幼儿园提倡教师是幼儿游戏的支持者，那么老师在工作中要观察幼儿，为孩子提供游戏材料。

凝聚功能

好的组织文化通过建立价值观，不断强化成员间的合作和团结，使之产生亲近感和归属感。好的幼儿园，处处充满着爱，师生们为自己在这样的集体里感到自豪，他们时刻维护集体的声誉。

激励功能

组织文化使组织成员从内心产生高昂情绪效应。良好的文化环境中，幼儿会活泼开朗、不断进步，教师也会心情舒畅、主动工作。

约束功能

约束功能是通过员工自身感受产生的认同心理过程实现的。不同于强制机制，如不准吸烟、不许脱岗等，强制性的机制是基本法则。组织文化是通过内省过程，使员工自律，自觉遵守规定。自律意识比强制机制的效果好，因强制易使员工产生对抗，对抗或多或少地使强制措施打折扣。

阻抑功能

组织文化中的许多传统思想定式易在管理活动中被员工所接受，在组织行为和活动的过程中体现出来，如集权式管理、推脱责任等行为。组织文化中的消极因素只会带来破坏性的后果。

障碍功能

强调共同价值观作用的同时，组织文化容易忽略对发展的阻碍因素。内部的强文化使组织成员服从了文化既定的内容。限定了组织可接受的价值观。如果幼儿园的核心价值观削弱了员工带来的生机，阻碍异质文化的优势互补，这种文化可能成为影响幼儿园发展的阻碍因素。

三、幼儿园团队建设

（一）团队的概念

团队：由员工和管理层组成的共同体，合理利用成员的知识和技能协同工作，达到共同的目标。

幼儿园的人员：园长、教师、保育员、清洁员等，但群体并不一定就能构成团队。团队不是一群人的机械组合。真正的团队是组织内部成员间的合作态度，为统一目标，成员自觉地认同责任并愿意为此奉献。成员除了具有独立工作的能力外，还要具有与他人合作共同完成工作的能力。绩效源于成员个人的贡献，永远大于个人贡献的总和。

团队和群体常被混为一谈，但有六点区别：

领导：群体应有领导人；团队发展到成熟阶段，成员共享决策权。

目标：群体的目标跟组织一致，但团队可以产生自己的目标。

协作：协作性是群体和团队的根本差异，群体的协作性是中等程度，有成员时还消极，但团队中是齐心协力的气氛。

责任：群体的领导者责任很大，团队中除了领导者负责外，成员也要负责，一起相互作用。

技能：群体成员的技能是不同的，也是相同的，团队成员的技能是相互补充的，形成角色互补，达到团队的有效组合。

结果：群体的绩效是个体的绩效之和，团队的结果是由大家共同合作完成的。

（二）团队的构成要素

目标

团队应有既定的目标，为团队成员导航。团队建立的原因？管理者希望团队能够解决什么问题，完成什么任务？这是在建立团队前应明确的。

团队的目标也不是一成不变的，如开学前工作重点是招生和入学登记，开学后应该转移到如何提高保教质量等。

团队的定位

幼儿园可以是大的团队，也可以分成小团队。在讨论定位问题时，首先回答重要的问题：

团队类型？

面临的任务？

由谁选择和决定成员？

团队对谁负责？

明确团队的定位非常重要，因为不同类型有着极大差异，在工作周期、授权大小上都有很大的不同。

在团队的定位明确后，可以制定规范，规定团队任务，明确成员应扮演的角色。如为迎接幼儿园评估，从各部门抽调人手组建迎接评估的团队：谁负责订计划、接待、整理材料等，确保不同的角色都有人担任。

权限

权限：团队负有的职责和享有的权利。对团队权限进行界定就是要回答：

工作范围是什么？

工作重心集中在某一特定领域吗？

团队不同的界限是什么？

团队工作成效取决于团队的积极性。幼儿园里，影响员工积极性的因素是权责利的配置问题。权限范围须和它的定位、工作能力相一致。调动团队的积极性，需要合理的和艺术的授权。

这些是团队目标和定位的延伸。解决了这些问题，就解决了团队的权限问题。管理者要解决的问题会随着类型和定位不同而有差异，也取决于幼儿园组织的基本特征。对于复杂多变的情况，无法给出特定的解决方案，但在解决权限问题时须坚持：考虑团队权限时，要分清轻重缓急。

计划

团队目标的实现，需要具体的行动方案，把计划理解成目标的具体工作的程序。只有在计划的操作下团队才会贴近目标，最终实现目标。好的团队工作计划能够回答：

团队有多少成员才合适？

需要什么样的领导？

领导职位是常设的还是轮流担任？

领导者权限和职责是什么？

团队应定期开会吗？

会议期间完成哪些任务？

如何界定团队任务的完成？

如何评价团队成员？

问题具体的答案应根据幼儿园本身特点进行合理选择。有些规模相对简单的组织应当考虑人员问题。

人

人是团队最核心的力量。2个以上的人就可构成团队。通过人员具体实现目标，人员的选择是团队中重要的部分。在团队中需要有人出主意，订计划，实施，协调不同的人一起去工作，评价团队最终的贡献。通过分工不同的人来完成团队的目标。在选择人员方面要根据团队的目标。明确团队需要进行哪些工作，制订出团队人员职位的明确计划。了解每个人的技能、经验和才华。这些资源符合团队的目标、职权和计划的要求，这是在选择团队成员时须了解的。了解了所有的候选者，挑选最优秀的人选。团队绝对不是几名"最优秀"的人的集合。团队是产生协同作用的人员的组合。我们面临的不单单是"谁最优秀"，而是"如何为团队提供资源组合并获得结果"的问题。

（三）培养团队和合作精神

形成共同愿景

共同愿景：组织中成员共同的意愿，意愿不是抽象的东西，是能够激发成员为组织而奉献的任务或使命，创造巨大的凝聚力。

组织共同愿景包含：

组织共同愿景表示的景象，实为组织未来发展成功的目标、事业。

组织共同愿景是成员发自内心的愿望。

真正的共同景象能使全体成员连在一起，形成巨大的凝聚力。

共同愿景是大家真心愿意追求的目标。怎样才能建立呢？

个人愿景。人都有自己的梦想。它可能包括：对未来的抱负、对团队的期望，对社会、对全世界的关注。个人愿景从价值观、抱负、自己内心深处出发，是自己愿意去完成的，只有个人愿景才能激发人的力量。

个人愿景引向共同愿景。共同愿景：组织内各式各样的个人愿景，经过协同后的产物，它一定要在每个阶层间交流过，被所有成员所认可。建立共同愿景需要很长的时间。这个过程不是一帆风顺的，管理者需有更大的耐心，愿意去倾听、接纳各种想法，让成员都能自由自在地道出梦想，学习去倾听别人的梦想。多数园所目前在管理中愿景来自幼儿园的高层，且愿景是为解决眼前的问题。一旦渡过难关，员工们士气大泄。这样不会给幼儿园发展带来持续活力。幼儿园管理者应让员工参与规划制度的制定，亲力亲为地参与利于提高员工的教育理想，将个人愿景引向共同愿景。

提供激励

一个员工展现出怎样的精神面貌，除了与个人因素相关之外，与管理者的管理方式也是分不开的。如何培养员工的团队精神？总体来说就是要激励。美国著名心理学家威廉·詹姆斯教授曾经专门发表过一项有关激励的研究报告：正常人只能发挥20%~30%的工作能力，但受到激励，可以将能力发挥到平时的两到三倍。

激励是用各种方法调动员工，让其在工作中表现出主动性和创造性。激励的方法有表扬及批评。激励的方式是因人、因事而异的，高明的管理者会根据对象特点和状况等因素选择激励方式。

角色激励

"角色激励"——"责任激励"，通过引导被激励者，正确认识到自己扮演的角色，承担起相应责任的方式。实施激励的起点是赋予责任。善于分解责任的管理者是乐于并善于权力下放的人。

当管理者将权责下放给员工后，会有惊喜发现。在发布施令时，员工照命行事，当管理者把权责都放到他们手中，反而能为幼儿园做出更多贡献。

目标激励

目标激励与角色激励是一体两面。角色激励强调的是角色需要承担的责任；目标激励强调是在扮演角色的过程中，应做到怎样的程度。

目标对个体的行为具有指引性。有效的目标可指导人们通过行动完成任务，糟糕的目标，可以让人们的行动成为无用功。很多管理者容易陷入误区，将目标与口号混为一谈。看起来提升士气，但实际上并没有作用。总目标要和阶段性目标并存，为了调动团队成员的积极性，目标的设置可以与个体利益挂钩。

物质激励

大部分员工工作的目的是为了赚钱，经济激励是调动员工积极性的最有效的方式。员工很多时候工作积极性不高，可能是因为在工作方面的付出与回报不成正比。

管理者应给具有团队精神的个体加薪，因他们会培训新同事、协助解决团队冲突且掌握新技能。培养团队精神不意味着忽略个体，个体贡献应当得到回报。加薪是稳定长期的激励方式，奖金不同于加薪，管理者可采取明奖和暗奖相结合的方式。大奖——明奖的方式：年终奖等，一年或许也就只有一次，且根据个人表现所定，避免了"大锅饭"政策。小奖——用暗奖的方式：暗地里给优异的员工红包。可以避免其他没有得奖的人嫉妒，也能对个别有贡献的员工表示肯定。

情感激励

情感是影响人们直接的因素之一，对管理者来说，团队建设中营造出相互信任、相互体谅、互敬互爱的氛围尤其重要。

很多管理者认识到了对员工情感投资的重要性，幼儿园会主动为员工提供福利政策，表达对员工的情感关怀，如免费的工作餐、子女入读幼儿园享受优惠等。有的幼儿园还会为员工解决工作之外的生活琐事，这是幼儿园对员工情感投资的表现。

成就激励

成就激励不是来源于员工，而是来源于人们对满足成就需要的期望。每个人都希望因工作成果中凝结的贡献较多而得到满足，都期望因自己比别人取得更好的成就而获得满足，正是这样期望，使员工总想取得好的工作成就。期望越强烈，员工受到的激励越大。

影响到个人贡献份额的因素有工作团队的规模及工作中的自主权大小等。成员越多，个人的贡献越小；团队规模越小，个人的贡献体验越大。如果幼儿园很大，管理者应将工作任务划分成小单元，是增强团队成员成就激励的有效办法。员工应拥有自主权。如果在工作中，管理者干预过多，即使取得成功，员工也不会喜悦，他们知道在这件事情上，没有融入自己的思想和意志；如果管理者给予员工权力，让员工自主行事，能激发出更大的动力，能为幼儿园创造更多成绩。

第四节 幼儿园公共关系管理

一、幼儿园公共关系

（一）什么是公共关系

让家长知道你幼儿园的存在，让他们把孩子送过来；到社区做公益性活动，这需要通过双向交流来完成。

幼儿园公共关系：幼儿园为实现教育，有组织地运用传播手段与内、外部沟通联系，以塑造幼儿园社会组织的形象为目的。精明的管理者都明白，公共关系管理在公众的头脑中留下对幼儿园的美好印象是重要的。

理解幼儿园公共关系，要掌握：

幼儿园公共关系——幼儿园与公众间的双向关系。

公共关系活动的开展手段——传播沟通。

活动内容——树立幼儿园的整体形象。

公共关系活动的目的是争取获得公众对幼儿园的好感和支持。

管理者要关注与幼儿园发生直接或间接联系的，有影响作用的个人及组织。

内部公众

幼儿园的内部公众是幼儿园内部的成员，与幼儿园最为密切的公众。幼儿园加强公众沟通的目的，是在幼儿园内部创设良好的工作与人际交往环境，建立共同的价值观。

幼儿和家长公众

幼儿和家长是幼儿园的服务对象，与幼儿园有利害关系的外部公众。建立师幼、家园关系，使幼儿和家长对幼儿园产生好印象。很多幼儿园会问家长从哪儿了解到幼儿园，他们有朋友或同事的孩子在幼儿园，推荐他们也来读这个幼儿园。

政府公众

幼儿园的政府公众是政府行政机构及工作人员，即幼儿园与政府沟通的对象。政府公众传播沟通对象中有社会权威性的对象。保持与政府公众的良好沟通，为幼儿园的发展争取良好的政策环境、行政支持条件。

社区公众

幼儿园的社区公众：幼儿园的区域关系对象——所属居委会等。社区是幼儿园生存的基本环境，为幼儿园创造和谐的周边环境。如有的幼儿园常会被邻居投诉孩子的吵闹声、早操声影响到他们休息。好的社区关系体现幼儿园为社区服务的责任。

媒介公众

媒介公众——新闻界公众：新闻传播机构及工作人员。媒介公众是有双重性格的特殊公众，是幼儿园必须尽量争取的重要公众，影响力大，幼儿园应与新闻媒介建立良好的关系。管理者结识乐于报道与儿童相关的新闻记者，邀请他们参观你的幼儿园，写一篇新闻稿给他们。

（二）职能与作用

公共关系的职能是在组织中公共关系应发挥的作用。幼儿园公共关系的职能：信息管理、宣传推广、提供服务等。

信息管理

信息管理：信息沟通及信息的收集。公共关系是通过信息沟通，实现幼儿园与公众间的信息交流。了解家长对幼儿园环境、教师服务等评价，借助信息改善幼儿园管理。关注学前教育政策的变化，以帮助幼儿园对复杂公众环境保持高度的敏感性。

信息管理的方式多种多样。直接的信息来源，通过社会调查获得，直接听取公众的反映，有接待来访者和投诉者、专题采访等形式。间接的信息来源借助传播媒介。作为幼儿园管理者要重视新闻媒介的社会舆论，听取有关专家、上级相关部门及同行的建议，充分利用各种活动，如学术交流会、展览会、宴会等。

咨询建议

公共关系咨询建议：公关人员在掌握足够信息的基础上，使决策更加科学化和系统化，使组织形象更加完善。公共关系的咨询建议与采集信息是密切相连的。如幼儿园计划做大型亲子运动会，公关人员需要收集教师和家长对活动的看法；是否有足够的精力投入运动会的筹备中？什么时间比较方便？通过对收集到的信息分析评估，公共人员提出建议供管理者决策参考。

宣传推广

幼儿园要将希望让公众了解的信息传递出去。如果希望更多的人知道幼儿园还能够为忙碌的家长提供灵活的接送时间的校车，就应该主动进行宣传。把信息印在宣传册上，可以在报纸、电视上刊登广告，让家长知道可以提供这种服务，通过开放参观活动等加深公众对幼儿园的了解。

协调关系

公共关系中的协调是建立在沟通的基础上，达到幼儿园与公众互惠互利的关系。由于人与人之间看问题的立场、观念等，在交流中会遇到各种矛盾，增进相互之间的了解，为幼儿园管理目标的实现创造有利的条件。幼儿园需协调好与主管部门、学术团体和专家、社区、企业等单位和个人的关系。

危机处理

幼儿园的管理者们都有共同感受，那就是坏消息比好消息跑得快。如幼儿园教师虐待幼儿的新闻就容易掩盖大部分教师尽心尽力照顾孩子的事实。无论是纠纷还是恶性事件，关系到幼儿园的生死存亡。即使幼儿园没有牵涉进去，负面消息还是会受到影响，如当社会上担心幼儿园给孩子乱喂药时，管理者需要及时向公众解释他们都做了什么。即使是日常管理做得好的幼儿园也会出现突发事件，聪明的管理者会制订好计划，将损失减小。

（三）基本原则

幼儿园面对的公众是复杂的，即使面对同一类公众也可能面临不同问题。如幼儿园要组织大型活动需要教师加班，有些教师给予加班工资就愿意参加，有的教师希望能解决孩子的照看问题。处理幼儿园与公众间的关系，只有普遍适用且须遵照执行的原则。

实事求是

幼儿园在开展公共关系活动时，要尊重事实，实事求是。信息的传递要建立在真实性的基础上。任何虚假信息的出现，都会使幼儿园受到怀疑，那么公共关系工作就很难取得预期的效果，甚至会一败涂地。当幼儿园出现问题时，不能掩盖事实。任何幼儿园在经营中都可能出现问题。在这种情况下，掩盖不能解决问题，会导致更大的损害。发现问题，及时采取相应措施，有利于组织形象的建设。

每个幼儿园管理者都要谨记：隐瞒、推诿是公共关系的大敌，坦诚、负责是公共关系成功的要诀。

互惠双赢

公共关系是为幼儿园利益服务的，但公共关系并非仅考虑幼儿园利益，幼儿园与公众联系的过程，实际上就是双方利益相互满足的过程。幼儿园只有找准公众利益的基准点，保证公众利益的实现，才能获得自身的赢利。

幼儿园要实现双赢需把幼儿园生存、发展建立在满足公众利益前提下；对公众负责，正视由幼儿园行为引起的问题；必要时牺牲幼儿园的眼前利益，这是公共关系的战略要求，对幼儿园生存环境的维护。幼儿园在保证工作圆满完成的同时，要善于平衡组织与公众的利益，公共关系强调组织的利益服从公众利益，唯有如此才可能得到支持。

全员参与

幼儿园形象的建立，仅凭管理者努力是远远不够的，需要全体员工的努力。很多幼儿园还没有专门的公关机构。幼儿园的公关工作是成员共同的责任。成员都处在对外公共关系的第一线，代表着幼儿园形象。

二、幼儿园与家庭

（一）幼儿园与家庭：不可或缺的关系

任何管理者都清楚，当家长选择把孩子送到你的幼儿园来，幼儿园和家庭的合作关系便开始了。因为双方的共同目标非常明确——儿童的幸福。为了达成此目标，双方都需要知识、技能和爱心，以及彼此协助。家园的伙伴关系也是源于这样的需求。因此，幼儿园和家长成为合作者，共同努力帮助儿童的全面发展。

苏霍姆林斯基："没有家庭的学校教育和没有学校的家庭教育不可能完成培养人的任务。"父母是孩子的第一任教师，孩子每天在眼里留下父母的形象，父母的一言一行对孩子有着深刻的影响；家庭教育往往会潜移默化决定成人后的气质、品德和思想，有着举足轻重的影响。有位专家表示即使幼儿园教育达到完美境界，没有家庭教育的配合，也只能获得一半实效。家庭教育在幼儿发展中有着极大的影响力，只有共同合作才能形成教育合力。

注重家庭教育、强调互动关系，提高教育影响的一致性和有效性成为当今世界幼儿教育的趋势。各个国家自20世纪以来，颁布的与幼儿教育相关的文件中都提到要和家庭密切合作。《幼儿园工作规程》："幼儿园应当与幼儿家庭主动沟通合作，帮助家长创设良好的家庭教育环境。"《幼儿园教育指导纲要（试行）》："家庭是幼儿园重要的合作伙伴，本着尊重、合作的原则，争取家长的理解和主动参与，帮助家长提高教育能力。"这是从政策法规的角度指导幼儿园和家庭形成共同体，为每个幼儿发展做出贡献。

管理者的重要任务是确保教师有充足的时间完成任务。建立良好的公共关系，对幼儿、家长以及教师意义重大。

亲子间的依恋对健康人格具有决定性作用。家长与教师间的关系能让幼儿获得安全感。当幼儿进入幼儿园后，会将这种感觉延伸到新的环境中，适应幼儿园的生活。

教师和家长合作对幼儿的益处是，经常交流有关孩子的资讯，使家园教育更适宜于每个幼儿。

家长对幼儿的认识是垂直的，了解自己孩子的需求，而教师的认识是水平的，对于个别性的认识，有赖于与个别幼儿与家庭的相处。教师与家长间的合作，使彼此在认知上得到互补，更有可能去达到每个孩子的实际培养目标。

教师和家长合作，对双方而言是一个共同受教育的过程。

与幼儿园合作，家长有机会获得更多的教育知识经验，能够帮助其树立教育好子女的信心；与家长合作，可以帮助教师不断改进和修正教育内容和教育方法。同时，父母对于教师工作的正常反应和合作意愿，促成了教师的职业幸福感。

（二）与家庭建立合作关系

管理者希望与每个家庭建立牢固而亲密的关系，他们需要考虑如何加强和家长的联系，在为家长提供服务，获得支持。

加强联系沟通

有效沟通促进彼此的信任。加强与家长的联系是幼儿园公共关系管理的重要内容。由于幼儿的年龄特点，他们需要教师和家长经常交换信息，共同探讨有效的教育途径，实现同步教育。教师要及时向家长介绍幼儿在园的表现，让家长感到教师的责任心，体会到教师对孩子的爱意。

积极宣传引导

办园理念赢得家长认同是家园合作的基础，幼儿园应宣传国家的教育方针，引导家长树立正确的教育观念，宣传本园的课程设置、教学特色等，让家长对幼儿园发展有全面了解，更能理解幼儿园工作的具体做法。要在了解幼儿家庭状况的基础上，宣传科学育儿知识，提高家长的教育能力，帮助家长创设家教环境。

为家长提供有效服务

幼儿园不是教育机构，也不是社会服务机构。幼儿园要了解家长的需求和要求，面临的困难，结合自身条件，为家长提供热情、主动的服务，发挥幼儿园的社会职能。如延迟服务时间，满足家长不能在规定时间内接送的需求；组织周末亲子读书会活动，为家长和幼儿提供学习交流的平台等。

争取家长的配合支持

管理者应该鼓励教师动员家长参与到课堂中来。可以建议教师采用某种方式来利用家长资源，也可以作为协作者或支持者帮助教师指导那些能够提供帮助的家长。比如让那些擅长厨艺的妈妈来幼儿园一起筹备孩子们的美食节，让有时间的家长参与孩子的秋游活动等。

（三）家园合作的途径和方法

管理者和教师可以通过很多途径和家长联系，如在家长接送孩子的时候聊孩子平时的表现，邀请家长参加节庆活动等。

个别交流

很多家长愿意和管理者进行交流以获得对问题的答案。家长想知道孩子最近吃饭是否认真，显然他会在放学时找老师问问。教师与家长的短暂交谈，是最简便的沟通方式。个别交流的方式很多，如教师通过家访考察和了解孩子的成长背景，在熟悉的环境下家长也容易敞开心扉。有些教师还喜欢在家园联系簿上写下孩子的趣事，附上孩子的艺术作品。

教师与家长个别交流时，应注意：

谈论孩子要有具体行为的描述，让家长感受到老师的观察细致。

表扬孩子的优点，不能只批评孩子的不足。

交谈时不要讨论别的孩子，不要与别的孩子比较。

以平等的身份与家长交谈，切勿老是说"必须"怎样，更不能责怪家长。

家长会

家长会是重要的家长工作形式。幼儿园可以通过召开全员性家长会或部分家长会，了解幼儿在园的学习、生活和健康状况，听取家长意见。家长会对促进家长间的联系、交流分享育儿经验等可发挥积极作用。

幼儿园组织召开家长会时应注意：

有明确的主题。

提前告知。

关注所有的参与者。

将发言的机会留给家长。

家长开放日

管理者向家长开放班级一日教学活动，让家长更直观地了解幼儿园的教学内容，直接看到孩子在幼儿园的表现。家长希望有机会亲眼看到孩子的情况，常常可以看见家长在送孩子进幼儿园后悄悄地站在窗户旁边观察孩子。管理者应经常给家长创造这样的机会，让家长亲眼看见孩子在幼儿园的成长和进步，让家园伙伴关系更加密切。

幼儿园组织家长开放日活动应注意：

开放日不是作秀，给家长呈现幼儿园日常活动的真实情况。

可采用不同的活动形式，让家长了解幼儿在园生活，如家长助教活动、亲子活动等。

帮助家长了解掌握孩子活动的恰当时机，避免家长做局外人，又减少家长对正常教学活动的干扰。

活动结束后，对活动材料及时进行整理，将照片、视频刻录成光盘送给家长等。

家长学校

建立家长学校是为了帮助家长更好地了解幼儿教育和家庭生活。通过开办家长学校，向家长传递科学的家庭教育知识，创造良好的科学的现代家庭教育环境。家庭学校的教学形式应该灵活多样，可针对父母或孩子不同的年龄段等分批进行培训，根据园务计划、家庭教育中的问题设计不同的专题，开展咨询等。如大班家长学校安排幼小衔接、学习习惯培养等方面的内容；小班以稳定情绪、培养良好的卫生等为主。

幼儿园组织家长学校时应注意：

帮助家长认识自己有能力教育好孩子。

为家长提供幼儿发展的信息。

向家长解释幼儿园的课程。

帮助家长了解幼儿的学习方式。

向家长介绍教育材料和经验类型。

信息网络平台交流

信息网络平台对公共关系管理的作用。很多幼儿园建立了主页介绍办园特色或发布信息。家长通过视频看到幼儿活动剪影，与教师或其他家长进行网上交流。教师通过短信、微信等形式，与家长保持联络。

利用信息网络平台与家长交流时应注意：

及时更新网络信息。

家长关注的问题要及时回复。

利用网络宣传，挖掘潜在客户。

三、幼儿园与社区

（一）社区的含义

社区包括的因素：

以一定的生产与社会关系为基础的人群组成；

有一定的区域界线；

形成了具有特点的行为规范和方式；

它的居民在感情上有对该社区的地方情结。

一个村庄可以是社区，一个几百万人口的城市也是一个社区。社区相当于小社会，人们拥有共同的社会习俗，对衣食住行、娱乐、待人接物等有着不同于其他社区的行为方式。在人们常提及的社区是与个人的生活关系最密切的较小型的社区。

（二）作为社区成员的幼儿

孩子是社区的一分子，在与社区的接触中形成他们最初的是非观、善恶观，学会如何做人，与人交往。社区中的人和事物，对孩子起着无声的教育作用。如成年人回忆起童年生活过的街道、小镇时总会伴随着十分美好的情感。幼儿教育与社区教育息息相关，社区扮演着越来越重要的角色。

幼儿园管理者要珍视社区资源，如果幼儿园把课堂扩大延伸到社区环境中去，将社区空间变成幼儿学习、参观的场所，是令人兴奋的事。管理者无须再怨幼儿园的空间局促。孩子可以亲身去观察、探索，让活动变得更有趣，把学习知识与社会生活联系在一起，不断地丰富完善自己已有的知识经验体系。

（三）社区：可以共享的资源

获得社区支持

社区的自然和人文环境蕴含着学习资源。幼儿园应利用社区资源，小区街景、中小学校、敬老院及从事各种职业的人群等扩展学习空间，为幼儿的体验性学习创造条件。

走进社区让幼儿感受自然

社区是幼儿生活的空间，幼儿对社区中的一切既亲切又好奇，社区资源作为"活教材"有取之不尽的源泉。幼儿园应组织各种活动，让幼儿去寻找现实生活中的探索点。通过观察周围环境，增强幼儿对周围环境的兴趣。如教师可带领幼儿参观当地标志性建筑、体育馆，让幼儿在真实中了解到家乡的历史；带孩子去郊游，感受四季；去参观菜市场，认识蔬菜；参观图书馆，学习如何借书、还书等。

利用社区对幼儿进行情感教育

当孩子碰到买菜回来的邻居自然地打招呼时，孩子是在进行情感交流。社区资源对幼儿情感教育价值——它能自然地激发幼儿的丰富情感。如通过组织幼儿参观敬老院、为贫困儿童献爱心活动，激发幼儿对贫困、年老体弱者的爱心；参观环卫工人、餐馆服务员等不同职业人们工作的场景；通过植树节宣传等社区互动活动，让幼儿学会与他人合作与分享。

争取社区人力资源和物力资源的支持

幼儿园要善于利用社区单位与兴趣来充实教育力量，配合教育活动。如参观消防局，为孩子们演示如何灭火；邀请社区医院的医生给孩子们讲解保护牙齿的知识；聘请社区园林师傅为孩子介绍各种树木的名称等。和企业联系，收集其剩余物质等，在符合卫生要求的前提下，变废为宝。幼儿园还可以争取效益好的公司的赞助，改善办学条件。

为社区提供服务

幼儿园既依赖于社会的支持而不断发展，承担着服务社会，为所在社区服务的职能。要鼓励教师积极参与社区服务，获得社区居民的广泛支持和理解。

进行科学幼儿教育宣传

向所在社区宣传科学育儿知识，引导居民树立正确的育儿理念。幼儿园根据社区居民的需要，开办专家讲座、协助居委会布置幼教宣传栏等形式进行教育。如开办主题为"超重、营养不良儿童现场讲座、营养膳食展示"交流会与家长展开讨论。

幼儿园开放活动

幼儿园要敞开大门让社区公众走进幼儿园来。幼儿园的房舍、教育设备等在保证教学的前提下，可以对外开放。如在节假日免费提供游戏场所和玩具，开办亲子园等。

通过参与社区活动而服务社区

幼儿园可以通过参与社区服务，为社区的建设增添新的活力。如师生可以协助社区完成文化墙墙体绘画工作；组织师生准备精彩节目和社区居民同台表演；幼儿可以作为环保小卫士，为社区宣传环境保护做活动等。

第三章

学前教育总务管理

第一节　学前教育总务管理概述

一、幼儿园总务管理的含义与内容

（一）幼儿园总务管理的含义

幼儿园总务管理是指组织幼儿园保教工作为主要对象的社会活动。幼儿园管理者通过机构和制度，采用手段和措施，以一定的教育目的为准则，对幼儿园的人、财、物、时间等因素进行计划、领导、控制，优质高效地完成幼儿园的工作任务，提高教育质量。

幼儿园总务管理是一门科学，是研究和探讨幼儿园总务管理活动的学科。在成长过程中，向人们提出了问题，吸引着人们去探究。

幼儿园总务管理是以"育人"为目的的特殊的管理活动。幼儿园总务管理遵循总务工作规律，运用科学管理的理念、技术对幼儿园的人力、物力等行政事务进行规范化管理，将保教并重、教养结合的原则贯穿于幼儿园管理过程中，促进孩子们健康成长。

（二）幼儿园总务管理的内容

1.人是管理系统的第一要素

在管理活动中，人是主体和客体，是任何社会系统中的决定性力量。在幼儿园管理系统中，管理目标包括所有员工、儿童和父母。在特殊制度中，员工是不同的，孩子的父母来自各行各业。如何调动全体员工的热情，实现孩子的发展目标，对管理至关重要。作为一名经理，除了知道如何做好事外，你还必须掌握如何教育人们并善于调解纠纷。这是领导艺术。在现代化条件下，领导者把现代知识应用于思想领域，但人的思想千差万别，因此，必须因人制宜。

2.财力和物力是幼儿园进行有效教育和管理活动的基础

对于生产部门来说，低收入、高产出、高回报是衡量其经济管理效能高低的指标。幼儿园不直接生产财富，对幼儿园来说，应在利于幼儿园保教工作的前提下，合理地组织财物，开源节流，坚持勤俭办园，少花钱多办事等。

3.处理好事务工作

任何组织，管理的重要内容是要处理好内外、左右具体事务工作。事务工作的处理需围绕既定目标，注意工作的全面安排，做到有条不紊。

4.信息在现代管理中占重要位置

信息随着时代的发展，在现代管理中发挥着重要的作用。它可以创造价值，左右决策。在西方企业资本家把它同资本、劳动力并列为生产的三要素。管理的过程都离不开信息的传递，新的信息有助于领导准确地搞好决策。广泛收集信息可以改善管理工作，提高效能。大量的新信息，帮助教职员工改进教学方法，提高教育质量。

5.时间是稀有资源

有人把时间比喻是稀有资源，可见时间的宝贵。幼儿园管理应在有限的时间内，最大限度地做好工作。建议大家每做一件事情心中应该有"三效"——效果、效率、效益。

（1）分类安排工作

《如何控制你的时间和生命》中提出领导者每天的事情很多，要把每天经办的工作编制工作时间表，按轻重缓急——a、b、c，每天把a、b两类工作做好就抓住了关键，等于完成了80%，算是具有高功效了。时间的分类可以是一天，也可以是一周。当然是正常情况，万事要灵活把握，如当日有人亲自登门交涉，应将这件事情列作a类办理。这种分类法好处多多，可以使工作有所摆脱；园长要亲自处理重要的工作，把次要工作委托给别人。

（2）整批使用时

幼儿园管理内容，按幼儿教育的任务、工作范围和规律来说，包括目标、计划、幼教科研、行政事务工作、规章制度管理和园长自身建设及幼儿园工作评价等。基本内容是系统中的组成部分，既相对独立地存在，又在相互联系、相互制约，融合中有机地构成幼儿园管理系统。

二、幼儿园总务管理的意义

（一）幼儿园管理的各个要素都需要通过总务工作来体现

总务：全体人员的全部事物，是全面服务的工作。幼儿园管理要素——人、财、物、事通过总务行政后勤工作来实现。

（二）总务工作管理的质量直接影响着教育中心的使命的完成

总务工作涉及广泛的主题和许多线索。它由许多部门组成，如医疗保健、基础设施维护等。这些任务都是相互关联的，目的是确保教学的顺利进行。幼儿园综合管理是幼儿园教育相结合的重要保证。

（三）总务工作管理的水平关系到能否调动教职工的积极性

总务工作是一项服务工作，负责教师的工作和教职员工的服务。为了促进教育工作，我们还必须做好工作人员的福利工作，使他们能够投入工作中。这将解决教职员工的担忧。马斯洛的需求层次：人类需求的最低水平是生理上的，当食物和生活得不到保证时，很难有更高的需求。总务工作应主要是帮助教职员工解决生活中的困难。中国目前正处于新旧体制交替的时期，住房、医疗等成为人们关心的热点。幼儿园要考虑到教职工的切身利益，尽快建立与市场经济接轨的住房、医疗管理体制。

幼儿园总务管理的核心是人的管理。幼儿教师的积极性激发决定改革的成效，关系到幼儿园的兴衰与成败，作为总务管理人员应认识到调动教职工积极性的重要性。

三、幼儿园总务管理的过程与目标

（一）幼儿园总务工作的过程管理

1.总务计划的制定

总务计划的重要任务是针对总务工作中存在的问题。为提高总务管理的效率，对将要解决的问题，要实现的目标及实现目标的途径进行思考。

总务总体计划是幼儿园总务工作的全面计划，它规定了总务工作的总目标、政策及活动措施。它决定了总务工作的发展方向、组织和人事安排及在特定时间里的效果。

制订总务计划需立足于幼儿园条件进行科学分析的基础上。在总务计划制订中，考虑国家的方针政策和教育主管部门的指导；考虑总务前阶段的工作状况，同时重视对总务目前情况的科学分析。

2.总务执行

总务执行将计划变为现实的管理活动，是实现总务工作目标的关键。在计划执行阶段中，包括了总务组织与协调、激励和控制等活动。

总务组织是依据总务计划提出的任务要求，将人、财、物进行合理的分配。为了总务执行过程中工作的同步性，幼儿园要对总务计划的执行进行协调，保证计划的完成。在总务执行过程中，协调好幼儿园内部的人际关系，对总务计划与现实不相符合的地方要进行调整。

总务指导是将总务计划工作及控制工作等管理职能联系起来的纽带。总务管理人员要将指导与激励相结合，对发现工作态度和工作业绩方面有突出表现的，给予表扬和鼓励，调动职工的工作积极性。

为避免总务工作中出现的偏差，以纠正错误，依据科学的程序和方法对总务工作过程管理进行控制。

3.总务检查

总务检查是为了保证总务计划的顺利实施而进行的检查工作，检查以幼儿园发展目标为依据，以年度计划和总务计划的规定内容作为具体的标准尺度进行，总务检查要明确工作的任务目标，改进方式和方法。

幼儿园总务工作检查——工作过程和结果检查。过程检查是看工作是否符合工作规范，人的行为是否符合工作纪律条例等。对结果的检查是检查计划执行的结果是否符合要求，偏差及原因，可以采取的改进措施等。

4.总务总结

总务总结是通过回顾计划执行过程，分析阶段性工作面对计划和检查做出的分析，对工作过程和结果做出定性分析，得出具有指导意义的结论。总结为制订下阶段计划提供依据。

（二）幼儿园总务工作的目标管理

1.幼儿园总务目标管理的特点

（1）"参与式"的目标管理

幼儿园总务目标管理本身是"参与式"管理，幼儿园的总务管理阶段是由园长、总务主任制定和实现的。目标确定后，通过协商与沟通以制定专门的目标。分解的过程需要每个教师给予支援和积极参与。

（2）"自我管理"的加强

目标管理需加强职员的"自我管理"能力，让他们主动参与管理。目标管理的"自我管理"理念可提高管理效率。

（3）重视成果的管理

在幼儿园目标管理中重视成果，在衡量岗位、每项工作时用每个岗位在实现幼儿园总务目标过程中所作出的贡献。如采购员有自己的采购工作。目标就是采购质量及服务水平等，目标的实现程度是考核其绩效的标准。

（4）系统性的管理

幼儿园总务目标是系统的整体，体现了系统管理的开放性等特点。

2.幼儿园总务目标管理的意义

目标管理在总务管理中的引入被实践证明是有效的，对幼儿园总务目标的完成有促进作用，助于幼儿园总务管理效率的提高。

幼儿园总务目标管理有助于贯彻国家的教育方针。在目标管理中，目标有导向作用。国家的教育方针政策对总务活动过程有原则性要求，总务目标管理是把原则性的要求设计成系统的目标体系，保证总务工作在国家教育方针的框架范围之内发展，整体实现良好的方向性控制。

总务目标管理有助于调动总务人员的积极性。目标管理明确了每个人的责任与权利，鼓励了个人的自我管理，加强了总务工作人员对总务整体工作的参与，起到了激励全员的作用，实现了有效管理。

总务目标在目标的逐级分解过程中，将权利和职责界定得很清楚，确保工作的顺利完成。

总务目标管理的统一性和系统性是关系总务工作有效的关键。幼儿园园长及总务管理者动员和协调全体人员的思想和行为，保证了总务工作活动的系统性，保证幼儿园总务工作实现目标。

四、幼儿园总务管理的特点

（一）服务性

总务工作是一项服务性的工作——为保教、幼儿、教职工、家长服务。就幼儿园总务工作而言，具有的服务性更强，它为办好幼儿园提供物质基础。总务工作管理的标准是看其服务质量的好坏。总务后勤根据服务对象的特点提供适宜的服务。总务工作应尽量考虑到幼儿的特点，提供方便安全的教学环境；教职工要得到生活保障和好的工作环境；家长希望幼儿得到良好的教育。

（二）先行性

总务工作是幼儿园其他工作的物质保证，所以必须走在前面。因为物质是基础，需要先行。幼儿园各项工作，如建园、招生、编班、开园等，都要求总务工作先行一步。一般来说，幼儿园保教工作具有阶段性。每学期前，总务部门都应做好物质方面的准备，如教学用品、桌椅修缮、膳食工作的准备等；园所的季节性工作，如防暑等，要求总务部门走在前面；不定期的临时性工作如观摩参观、自然环境突变等，要求总务工作及时处理好。

（三）全局性

总务工作是物质保障，工作做得如何关系到各项工作的进展，是涉及面最广的全局性工作。总务工作可以成为其他工作的促进因素，又成为阻力因素。总务管理工作不到位，会出现工作效率降低、协调工作困难加大等弊端。要求总务工作人员具有较强的全局观念，了解教学等各方面工作的需要，以免影响全园的工作。

宏观上，总务管理受全园工作目标和要求所制约，微观上同各项工作乃至每个人紧密联系。总务工作管理要考虑总体，顾全大局，实现优质服务。总务工作人员要将工作放在全园工作范畴中去考虑。要了解幼儿园工作目标及各个阶段的任务，使工作围绕幼儿园的总体目标进行。

总务工作面广且杂，如果只强调自己工作的困难，会给其他工作带来问题，难以进行。总务工作人员要尽量克服困难，以免影响了全园的工作。

（四）政策性

总务工作与人、物等方面联系密切，需要同许多部门打交道。这就需要了解相关方面的政策；如招生、收费等也涉及国家有关教育的政策法规。总务工作要保证为幼儿家长很好地服务，为职工的工作和生活创造较好的条件；又必须严格执行国家有关政策制度。

五、幼儿园总务管理的基本要求

（一）树立服务意识

总务工作的特点就是有极强的服务性。总务人员须牢固树立服务意识，认识到总务工作要围绕保教为中心的目标。管理不是管制，总务人员要有甘当配角的服务精神，不断改善幼儿的生活条件，解决教职工的后顾之忧。

（二）要与幼儿园整体规划相结合

总务工作涉及的范围广泛，包括园舍建筑的改善与美化，设备的更新与保养等。这些工作属于总务工作的范畴，是具有全局性的工作，它影响幼儿园其他工作的运行，规划总务工作至关重要。总务规划是幼儿园总规划的重要组成部分，需认真对待。基本建设工作要反复研究，做好整体布局与规划。总务工作规划要以全园工作规划为依据，将各阶段的工作作为实现总目标的一个个实际步骤。

（三）制定切实可行的管理制度

由于总务工作十分繁杂，若没有制度做保证，很难落实。总务工作中环境的改善与美化、设备添置与保养等，都涉及幼儿园的整体工作。它是具有全局性的工作。要制定切实可行的规章制度，如物品的采购制度、管理制度等都要健全。制度的制定要有利于管理目标的实现。根据财务制度制定适合本园的财务制度，明确工作制度将总务工作各部门间的关系固定，形成合理的制约关系。如财会、采购、保管三项工作是相互联系并制约的关系。要建立严格的工作手续，使制度明确、具体，防止漏洞。

（四）明确人员职责

1.在园长领导下根据需要做好总务后勤工作，与各班保教工作密切配合；

2.坚持勤俭办园的方针，节约开支，改善教育工作的条件，合理安排，做好幼儿园的预算；

3.建立财务账册和财产管理账册，定期盘点园里的财产物品；

4.定期检查园舍、运动器具，及时进行修理加固；

5.正确核算幼儿伙食、伙食费开支，每学期应向家长公布收支情况，收费时间要方便家长，做到随到随收；

6.严格执行购物、借物和损坏公物赔偿的制度；

7.制定值班制度，安排好值班保卫工作。

总务工作是十分繁杂的工作，职责在于保管好幼儿园所有物品和财产，供应保健等工作需要的物品。

（五）提高人员的素质

要搞好总务工作，防止"见物不见人"的倾向。园所领导不要忽视总务工作，选好总务负责人，加强总务队伍的建设。为提高总务人员的素质，应引导职工正确认识幼儿园职责分工，要求总务人员做到热爱本职工作，还应注意提高其文化知识水平的专业水平。采取送出去培训或观摩研讨和鼓励自学等方式；注意组织总务人员学习学前教育和卫生保健的知识，以便使他们更好地配合和服务，提高其工作的思想性。

（六）提高工作效率

提高工作效率是幼儿园管理工作的目的。总务工作面十分广泛，能否有效地分配各种资源，充分发挥其作用，影响着幼儿园的工作效率。效率与时间紧密相连，妥善安排和处理好各项工作，才能带来效率。

（七）协调各方面关系

协调是重要的管理职能，协调是管理的职能，是管理者的基本素质。因为总务工作涉及对内外关系，要求总务人员具有较强的社会协调能力。对内要做好协调，做好配合和服务；对外要注意与园所上下级部门，与家庭及所在社区等方面的联系与协调。幼儿园应重视选派得力的人员担任总务工作负责人。总务人员还要注意信息的交流沟通，应有较畅通的对内外信息沟通渠道。特别在当前经济体制改革的社会环境下，幼儿园须了解社会变化带来的新问题，主动地进行自我调整，积极地适应社会环境的变化。总务人员应通过协调沟通，争取较广泛的社会支持，改善办园条件，解决面临的问题和困难。

第二节　幼儿园安全管理

一、幼儿园安全管理的内容、意义和方法

（一）幼儿园安全管理的内容

1.幼儿园应注意安全使用玩具和运动器材，并定期检查，以免发生触电，火灾等事故。

2.医护人员必须妥善保管孩子的药物。他们必须仔细检查药品的名称和孩子的名字，并按时将药物送给孩子。

3.定期向幼儿和父母宣传安全知识，并在有危险的地方放置突出的安全警示标志。

4.加强师生职业道德教育，严禁变相粗暴态度，体罚。

5.实施卫生防疫部门颁布的食品卫生法规，防止发生食物中毒事件。

6.幼儿园组织的活动应以幼儿的安全为基础。考虑到细节，严禁去危险的地方。

7.儿童进入幼儿园并离开，实施安全转移系统，防止儿童离开大门；禁止外人在幼儿园玩耍。

（二）幼儿园安全管理意义

随着现代社会的多元化发展，给人们尤其给幼儿带来极大的安全隐患。幼儿

园近年来经常发生突发事件，如幼儿园伤害案件，丢失，高摔，食物中毒等，严重损害幼儿的身心健康。幼儿很好奇，容易探索，并且具有强烈的自我中心感，但他们的知识水平很低。他们的心理活动是无意的。他们对周围环境的理解相对无知，无法清楚地看到周围环境中的风险因素。不正确和及时处理突发危险事件很容易对父母造成严重后果。为了防止幼儿受到伤害，教师经常会有一个念头。在幼儿园，老师会提醒孩子不要跑。在家里，父母不允许孩子独自玩耍，让孩子成为机器人。

幼儿园安全问题是幼儿教育工作者的头等大事。幼儿园必须首先把保护儿童的生命和保证他们的健康。幼儿的安全和健康成长与国家的长远发展和国家的未来息息相关。因此，必须采取有效措施，强化"儿童安全责任比泰山更重要"的责任感，本着对党和广大师生极为负责的精神履行责任，继续努力。

要从细节入手加强安全管理。提高安全管理意识是做好幼儿园安全工作的前提；组织幼儿进行必要的训练；全社会有关方面的参与，是做好安全工作的要素。

（三）幼儿园安全管理的方法

1.玩具的安全

杜绝使用对儿童安全有害的玩具，如锋利的玩具，容易破碎或破损的玩具，有毒材料或油漆制成的玩具等。

教会幼儿玩玩具的方法，让幼儿掌握游戏规则。对于需要成人指导才能玩的玩具，要在教师的指导下进行。

2.活动的安全

（1）使用剪刀等危险工具时，要注意教育幼儿掌握操作技能。将剪刀交给他人时，将剪刀的尖端握在手掌中以防止刺伤他人；剪刀使用后返回原来的地方。

（2）除非另有规定，否则儿童不得使用电源插座，电线，不能玩火柴。

（3）不要随意吃非食品，不要在嘴里放硬币。

（4）走路时要注意周围，不要冲刺，猛击，躲闪，以防止与同伴碰撞。

（5）不要将头部伸到阳台，窗台或护栏外面，也不要爬楼梯栏杆。

（6）在玩户外游戏时，不要远离团体，系好衣服和鞋带，以免在活动中绊倒。

（7）当小组排队进行户外活动时，有必要确认并跟上前面的孩子，而不是落后。教师应该有两个人陪伴他们，一个接一个地照顾幼儿。

3.交通安全

（1）引导幼儿学会识别交通标志。不要在街上跑来跑去。

（2）乘坐汽车时，儿童不应将头部和手伸出车外。

（3）不允许儿童独自离园，不允许陌生人接孩子。

4.着装安全

（1）儿童的着装舒适安全，避免穿太大衣服，以免影响儿童的活动和事故。

（2）教师不能穿太短，太长的裙子，太高的鞋子。不要佩戴珠宝影响教学。

5.防火安全

（1）幼儿园要按消防部门的要求配备足够的消防设备。

（2）每个班应张贴安全通道示意图，组织教职工熟悉通道及消防电话。

（3）幼儿园应预先拟订紧急状况疏散计划，并让幼儿实际演习。

二、建立健全幼儿园安全管理制度

（一）门卫制度

1.警卫应仔细检查进入幼儿园的外人。外人出示介绍信，检查后，请询问园长，批准后，请该人填写登记表，不要随意联系孩子。

2.当职工骑自行车或骑摩托车去幼儿园时，教职员工应下车推行。为幼儿园提供货物的车辆应在指导下进园。

3.进入园内的车辆要谨慎慢行。任何人都不得翻越破坏园门设施。

4.谢绝外部人员来园内玩耍、闲逛等。

5.幼儿园实行24小时值班制度。

（二）外来人员证件查验制度

1.进入幼儿园的非幼儿园教师应向保安人员出示相关文件。

2.幼儿园保安人员应仔细检查进入幼儿园人的有关文件。

3.对于拒绝出示证件或无法证明自己身份的外人，他们有权拒绝其进园并做解释工作。

4.在课堂上，当孩子因特殊情况被带走时，父母必须持有接送卡和班主任签名，保安人员才可以放行。

（三）外来人员入园登记制度

1.外人进入幼儿园，警卫必须在门口登记。

2.幼儿园保安人员有权拒绝拒绝登记的人进入幼儿园。

（四）物品出入查验制度

1.幼儿园保安人员登记外人进出幼儿园所携带的物品。严禁使用易燃、易爆、剧毒等物品进入幼儿园。

2.保安人员对从幼儿园带出的物品，先要求领导批准。

3.保卫人员应加强对进出幼儿园的可疑物品的调查。

（五）会客制度

1.幼儿园教师在开展教育教学工作期间原则上不会客，因工作需要需由教师本人到门卫室确认后准予进入。

2.幼儿家长到幼儿园找教师交流或了解幼儿情况时，需由教师到门卫室确认。

3.幼儿家长要进幼儿园找自己的孩子，只能在课间由老师陪同并登记后进入。

（六）车辆准入放行制度

1.幼儿园在正常教育教学工作期间，严禁机动车辆进入幼儿园。

2.上级视察工作或确因工作需要进入幼儿园的车辆，需经领导同意后，停放到指定地点，禁止鸣笛，限速行驶。

3.严禁家长的车辆入园。

（七）值班制度

1.值班包括节假日、双休日及按上级要求进行的其他值班。

2.幼儿园安排教师值班时要有行政领导带班，值班人员必须在岗值班。

3.值班人员应做好当天值班情况记录。

（八）安全检查防范制度

1.幼儿园每月组织全园性安全检查，确保不留任何安全隐患。

2.安全工作领导小组认真分析本园的安全工作情况，做到及时排查。

3.值日行政人员做好日常安全检查工作。

4.教师每天对本班幼儿的活动场地及幼儿活动的安全进行检查，检查用电安全。

5.厨房工作人员每天应检查炉火、柴油、用电以及食品的安全。

（九）报告制度

1.幼儿园教职工对所负责的安全责任区域内的安全隐患，向幼儿园分管安全工作的行政领导报告。

2.幼儿园安全领导小组必须在每季度日向所在地区教育局安全领导小组汇报安全工作情况。

3.幼儿园对安全隐患的整改结果要在规定时间内向行政主管部门报告。

4.当班教师对工作中的偶发事件或异常情况要向学校分管领导园长报告。

5.幼儿园发生安全责任事故，幼儿园安全工作责任人要向教育行政部门电话报告。

6.报告安全隐患应包括隐患的影响范围、已采取的应急措施、整改奖金来源及其保障措施等。报告安全事故应包括发生时间、人员伤亡情况、事故现场的保护措施等。

（十）消防安全制度

1.幼儿园全体师生都有保护消防设施、预防火灾、报告火警的义务。

2.专人负责园内消防安全，重点开展节日、火灾多发季节、开学前和放寒暑假前的消防安全检查。

（十一）食品卫生安全管理制度

1.采购员杜绝买腐烂变质、三无食品。

2.工作人员要严格执行卫生制度。

3.搞好厨房清洁消毒工作，炊具、餐具保洁，并负责保管好。

4.工作人员要定期进行身体检查，上班时必须安全穿戴清洁的工作衣帽、口罩。

5.努力提高业务素质，餐点制作过程要确保卫生和安全。

6.搞好幼儿进食卫生，饭前便后要用流动水洗手，天天消毒。

7.预防烫伤事故，滚烫食物要加盖并放在安全位置。

三、安全教育的实施

（一）安全教育持续进行的必要性

安全教育是安全管理工作的重要环节。目的是提高全体师生员工的安全意识，以防止安全事故发生。教师要及时检查幼儿园的设备、设施，提高幼儿保护自己的能力。为了孩子的健康和安全，注意培养孩子的自我保护能力及良好的应急心态。

重视家居安全教育；强化交通安全意识；教授防火与防爆知识；普及避险常识；规范户外活动行为；引导孩子警惕社会恶性事件；关注校园安全；援助孩子心理建设。

安全教育是提高全体员工安全素质。通过安全教育，提高教职工搞好安全工作的责任感和自觉性，掌握保护幼儿的科学知识，增强幼儿的自我防护能力。

（二）安全教育的内容

1.对教师进行安全教育与培训

（1）教师熟知幼儿园各项规章制度。

（2）接送安全教育。幼儿入园后本班老师应清点人数，离园时要亲自将幼儿送到家长手里。

（3）家庭安全教育。要向家长宣传安全教育的重要性。

2.对幼儿进行安全教育

（1）上街安全教育。教育孩子遵守交通规则，不在马路上停留和玩耍，要在便道上走，过马路要走人行横道。要让孩子记住自己的姓名、家庭住址、父母的电话号码。

（2）防止异物入体。教育孩子不随便把小的东西放入口腔、鼻、耳，以免发生意外。

（3）教育大一点的孩子，使他们懂得登高的危险。

（4）要告诫孩子，不要把尖锐的东西拿在手里或含在嘴里到处跑。

（5）教育孩子不要把塑料袋当作面具往头上套，以免引起窒息而死亡。

（6）在野外旅行散步时，教育孩子不得随便采摘花果，抓捕昆虫。

自我保护能力是孩子们快乐健康成长的必备能力。学会自我保护，远离危险，孩子才能拥有幸福。

四、幼儿园安全隐患检查与排除

（一）排除安全隐患的重要性

幼儿的安全是一切发展的保障。只有在幼儿生命健全的基础上才能保证其身心健康发展。安全管理工作是幼儿园的重中之重，是一日工作正常开展的保证。

（二）幼儿园存在的安全隐患

幼儿园存在的安全隐患，都能威胁到幼儿的安全：

1.门卫监督不慎。

2.游戏时因设施及教职工保护不慎。

3.幼儿饮食把关不严。

4.幼儿园结构设施不科学。

5.带领幼儿户外活动或外出时监管不力。

6.教师侮辱、体罚、变相体罚。

7.幼儿园安全工作不到位。

（三）安全隐患的排除

1.校舍安全

总务、保卫人员对幼儿园所有校舍建筑已经进行了检查，没有危房。

2.校园及周边治安安全

严格门卫管理制度，制定相关的安全防范措施，对外来人员实行登记管理。

各班利用安全活动时间对幼儿进行教育，以提高幼儿的安全意识。幼儿园入园、离园要求家长亲自来接送并与家长签订拒乘黑车承诺书。

3.饮食卫生安全

幼儿园应按照有关食品卫生法规定的相关要求。对食堂人员进行怎样识别变质食品的方法的培训。加强食品加工及食堂人员的管理，保证食品卫生安全，防止中毒事件的发生。加强幼儿园生活用水管理，严防食源性疾病的发生。

4.消防安全

保证幼儿园消防设施完善，消防通道畅通，对全园师生、门卫工作人员等进行广泛全面的防火安全教育，每学期开展一次消防演习活动。

5.重点人群隐患排查

对幼儿园内存在矛盾纠纷和可能引发事端的人员深入的了解。与校园周边、合作单位和谐相处。保证幼儿园教育教学的正常进行。幼儿园安全实行园长负责制，由专门人员负责园内安全，定时举行安全会议。

五、幼儿园意外事件对策与突发事件预案

（一）幼儿园常见意外事件及对策

1.儿童意外事故增多的原因分析

（1）社会经济发展的两面性

儿童总死亡率的逐年下降，死亡原因排列的改变，反映了人类社会的进步与发展。随着新的检查手段、新的治疗方法、新药、新疫苗的不断产生，过去对儿童生命危害很大的疾病，现已被消灭和控制，从而降低了各类疾病对儿童生长发育的影响。

随着社会经济发展，家用电器的普及，城市建筑的高层化，交通工具特别是汽车的大量增加，都成为威胁儿童生命安全的新因素。有关部门对意外事故进行调查的结果表明，在造成儿童意外事故原因中，车祸的发生呈逐年上升趋势。

（2）儿童自我保护能力弱

儿童意外事故发生率高，除了外界的客观因素外，一个不能不提到的因素是儿童自身的弱点。

从生理特点来看，儿童的神经系统发育还不完善，对物体的方向性和空间位

置的判断容易出现错误。儿童的肌肉组织发育不完善，手和腿部的肌肉组织力量小，常常会因力不从心而发生事故。幼儿的小脑平衡功能发育差，在行走、跑跳时容易摔跤、磕碰。

从心理特点来看，儿童具有好奇的特点，对危险因素缺乏认识。幼儿期的儿童有了明显的自我意识，独立性逐渐增强，不愿处处受大人的保护。

（3）教育方式的偏差

儿童意外事故发生率的高低，与家庭、幼儿园的教育方式密切相关。过多地对幼儿施行各种保护性管理措施，严格限制幼儿的各种活动，忽略从小对孩子进行安全教育，培养他们的独立生活能力。

2.培养自我保护能力：预防和避免儿童意外事故发生的有效途径

（1）帮助儿童树立安全意识

树立安全意识，是培养儿童自我保护能力的重要前提。教师和家长在日常生活和教学活动中，要有意识地通过讲故事、读儿歌、看图画、看电视等形式，对儿童进行安全教育，让儿童树立起自我保护的意识。但在教育过程中，一定要避免采用恐吓的语言和手段，以免使孩子产生恐惧感，形成胆小怕事、畏缩不前的性格。

儿童周围发生的意外事故，也是我们教育孩子的生动事例。引导大家去想象受伤小朋友的痛苦，大家应该怎么去安慰他。在提高儿童自我保护意识的同时，培养儿童的爱心。

（2）教会儿童自我保护的方法

让儿童认识周围环境，熟悉游戏规则。儿童意外事故多发生在家庭、游戏场所和道路上。在日常生活和幼儿园的教学活动中，家长和老师应有意识地让儿童熟悉和了解这些场所中常见物体的名称和使用方法。生活自理能力本身就是一种自我保护能力。懂得了基本的安全常识，在一定程度上掌握了自我保护的方法。

模拟训练儿童的应急能力。对于一些危害较大且容易发生的事件，在日常生活和学习中让儿童进行模拟。

（3）加强儿童的体能锻炼

儿童的动作协调能力、反应速度以及手、腿肌肉的力量，是影响儿童自我保护能力的重要因素。在紧急情况发生时，能迅速脱险的通常是那些手疾眼快的机灵鬼。所以，教师和家长应该从提高儿童自我保护能力的新角度重视儿童的体能锻炼，在增强儿童体质的同时，提高他们的自我保护能力。

（二）幼儿园突发事件预案

1.突发事件

为顺利应对幼儿园的突发事件，妥善处置紧急情况，根据幼儿园的实际情况，特制定"突发事件应急预案"。

教师为每班的安全责任人，负责班级幼儿的人身安全；落实措施，严加防范；加强教育、正确引导；掌握信息、及时报告。

加强突发事件应急报告，实行突发事件专报制度，一旦突发事件发生，各部门要以最快的速度向领导小组报告；幼儿园控制领导小组在最短的时间内设立临时现场指挥部，开展现场应急救援工作。

预防措施：

（1）加强门卫安全保卫工作，防止危险人物、可疑人物混入幼儿园。

（2）一旦发生危及幼儿及教职员工的突发事件，应急救援小组马上启动应急处理方案。

（3）做好突发事件的善后处理工作。

（4）定期对幼儿、教职工进行宣传教育，传授有关意外事件的应对经验。

（5）普及预防、急救、逃生知识，加强自我保护能力的培养，应对各类意外事件的发生。

2.火灾事故

（1）处置火灾事故的成员

园保卫人员，火灾所处部位的处理人员。

（2）报告程序

迅速报告办公室和保卫室负责人，接报人迅速组织携带消防器具赶赴现场进行扑救。

根据火势如需报警立即就近用电话或手机报告消防部门，待对方放下电话后再挂机。

在向园领导汇报的同时，派出人员到园大门口等待引导消防车辆。

（3）组织实施

办公室人员要在最短时间内赶到出事地点。

参加人员：在消防车到来之前，现场所有教职工均有义务参加扑救。

消防车到来后，园内人员配合消防专业人员扑救或做好辅助工作。

用灭火器、水桶、脸盆、浸湿的棉被等。

要迅速组织人员逃生。

无关人员要远离火场和园内的固定消防栓，以便于消防车辆驶入。

（4）扑救方法

扑救固体物品火灾，可再使用各类灭火器具。

扑救液体物品火灾，只能使用灭火器、沙土、浸湿的棉被等，绝对不能用水扑救。

扑救电气遭遇火灾，应先切断电路，使用灭火器。

（5）注意事项

火灾事故首要是保护幼儿安全，扑救要在确保幼儿不受伤害的前提下进行。

火灾后应掌握的原则是边救火，边报警。

3.被盗案件

（1）处置事件的成员

保卫人员、园办公室领导、各班主班教师。

（2）报告程序

发现案件时应及时向保卫室及办公室负责人报告。

经园领导核实后向公安机关报案。

（3）处置措施

接报后，保卫人员迅速赶到现场。

安排人员保护现场，向知情人了解被盗物品的名称和数量。

根据被盗物品的数量和价值，经请示后向公安机关报案。

积极协助公安人员勘查现场，为侦破案件提供条件。

（4）注意事项

注意保护现场，以便为侦破案件提供条件。

要做好工作，不要因此影响正常的工作秩序和学习秩序。

4.公共卫生事件

（1）处置事件的成员

后勤服务中心、卫生室有关人员、办公室领导、各班级主班教师。

（2）报告程序

后勤服务中心负责人、主班教师。

保健室。

园主要领导。

经领导核实后报告地方防疫部门并向教育局汇报。

（3）处置措施

发现情况后立即向有关部门和园主要领导汇报。

以最快速度将中毒人员送往就近医院，无交通工具时拨打急救中心电话"120"请求救助。

由后勤服务中心负责安排人员要封存现有食物，无关人员不允许到操作间或售饭处。

立即通知幼儿家长进行陪护，班主任要参与陪护，无关人员未经批准不准到医疗单位探视，以免影响治疗秩序。

经领导核实后向上级主管部门和市防疫部门报告。

（4）注意事项

稳定师生情绪，要求各类人员不以个人名义向外扩散消息，以免引起不必要的混乱。

如有家长来校探视，由主班教师做好家长的思想工作和接待工作。

事故发生后，要注意维护正常的学习秩序和工作秩序，主班教师要做好食物中毒人员的思想工作。

5.离园出走

（1）处置事件的组织

办公室、保卫室、各班级主班教师。

（2）报告程序

班级教师、保卫室、办公室及园长。

（3）处置措施

发现离园出走幼儿，各班级教师应在第一时间汇报主班教师。

接报后主班教师立即布置寻找工作，并在24小时内通知所在园办公室值班人员。

主班教师应在48小时之内通知幼儿家长配合寻找。

（4）注意事项

主班教师应做好出走幼儿家长工作，稳定其情绪。

主班教师要做好本班幼儿的稳定情绪工作，仔细分析，迅速判断其可能的去处。

第三节　幼儿园财务管理

一、财务管理的目标

幼儿园财务管理的目标取决于幼儿园办园的总目标。明确的办园目标，体现着办园方向，统率着幼儿园全部教育活动并制约着全部管理活动。在幼儿园里，起主导作用的不是园舍和设施等物质条件，是要把幼儿培养成怎样的人，确立和实施科学的教育目标，是管理的首要任务。

幼儿园财务管理的目标就是依法多渠道筹集资金；科学配置幼儿园各种资源，努力节约支出，提高资金使用效益；如实反映幼儿园财务状况；对幼儿园经济活动的合法性进行监督。

二、幼儿园财务管理的内容

（一）幼儿园财务管理内容

1.积极筹措资金

资金是财产管理的主体。以前，幼儿园的经费主要来自上级行政主管部门，上级行政主管部门的领导重视，幼儿园的日子就比较好过；不重视或经济实力较弱，幼儿园的生存就比较艰难。在计划经济体制下，幼儿园既撑不死，也饿不死。随着大中型企业的改革，许多幼儿园的上级行政主管部门自身难保，给幼儿园"断奶"是发展的必然趋势。以后，大部分幼儿园的经费要靠自筹，这将成为园长十分艰巨的任务。幼儿教育是一项教育事业，通过提高教育质量吸纳资金是筹措资金最主要的渠道。

2.合理分配资金

提高资金使用效率，是财务管理的根本任务之一。园长在支配资金时应本着照顾重点、兼顾一般的原则，确保幼儿园能稳步、全面地发展。

幼儿园经费支出项目主要有人员费和公用费两项。人员费有工资、奖金等；公用费有办公费、业务培训费、维修费、资料费等。

为了做好经费分配工作，把好预算关。加强对资金使用的计划管理。分清主次，将幼儿园的各项工作按照轻重顺序排列好。保证最重要的事情的完成。最重要的事情是指那些直接影响幼儿园目标实现的事。要考虑到特殊需要，预算要留有余地。要有规范的预算程序。

3.健全财务制度

要使财务管理有章可循、杜绝漏洞、必须建立和健全财务制度。财务制度既要严格，又要合理；要相对稳定，又要根据实际进行调整和修改。

4.加强财务监督

加强财产审计监督和财务检查。幼儿园的资金来之不易，需加强监督，杜绝出现损公肥私等违法乱纪行为。

（二）幼儿园财务管理中应该注意的问题

1.处理好收入与支出的平衡

每年做好预决算，不断总结收支平衡中存在的问题，摸索出幼儿园资金分配和运用的规律。

2.处理好投入与产出之间的关系

教育成本与生产成本不同，它是软性因素，所以容易被忽视。在进行成本核算时要注意将教育成本纳入财务管理之中，充分发挥各种资源的优势，挖掘教育资源的潜能。有些幼儿园盲目追求高档次，不注意投入与效益的关系。经济学有很重要的原理，是以最小的投入获取最大的效益。

3.处理好开源与节流之间的关系

开源成为幼儿园十分艰巨的任务，园长要考虑多种渠道筹措资金，开源要与节流结合起来。开源是十分不易的，应该珍惜它，而不能大手大脚。不懂得节约的集体是不会有更大的发展的。如果只知道节流，不善于开源的园长，也是不能适应市场经济发展的。因此，开源和节流缺一不可。

4.处理好长期目标与近期目标之间的关系

幼儿园应有长远的规划，这些规划需要长期的过程。不要认为它周期长，就不给予投入，眼睛只盯着那些短、平、快的项目。既要有远见，又要解决好当前出现的问题。

三、幼儿园财务预算管理

（一）幼儿园财务预算管理的含义和意义

财务预算是指幼儿园根据发展计划和任务而编制的年度财务收支计划，量化有助于管理人员之间协调。预算管理是财务管理的核心，是幼儿园管理的重要组成部分。幼儿园预算管理对幼儿园的财务活动具有重要的意义。

在幼儿园年度计划的指导下，强化幼儿园管理的计划、组织、控制和协调职能。这样才能让所有职能部门的子目标与幼儿园整体目标统一。

优化资金支出结构，提高幼儿园管理水平。推行预算编制改革，从根本上优化支出结构，提高资金使用效益。预算发挥着编制、执行、控制、监督、计划的作用，有效监控和考核幼儿园绩效。

促进幼儿园部门间合作与交流，使得管理人员全盘考虑整个幼儿园之间的相互联系，触及幼儿园的各个角落；有助于业绩评价，能促进幼儿园各项目标的实现。

（二）预算管理的原则

1.真实性原则

幼儿园预算收支的预测需以幼儿园发展目标为依据，对支出项目的数字指标应认真测算，力求收支数据真实准确。各项收入预算要结合近几年实际取得的收入并考虑增收减收因素测算；支出要按规定的标准，结合近几年实际支出情况测算；各项收支要符合部门的实际情况，测算时要有真实可靠的依据。

2.完整性原则

预算编制要体现综合预算的思想。编制预算时，要将幼儿园取得的包括财政性资金在内的各项收入以及相应的支出作为一个有机整体进行管理，不得在预算之外保留其他收支项目。

3.科学性原则

预算编制要具有科学性：预算收入的预测和安排预算支出的方向要科学，要有利于促进幼儿园协调全面发展；预算编制的程序设置要科学，以充裕的时间保证预算编制的质量，注重提高预算编制的效率；预算的核定要科学，支出预算定额要依照科学的方法制定，分轻重缓急排序，科学合理地选择项目。

4.稳妥性原则

预算的编制要做到稳妥可靠，收支平衡。收入预算要留有余地，没有把握的收入项目和数额不要列入预算；预算要先保证基本工资、离退休费和日常办公经费等基本支出。预算控制由事前控制、事中控制和事后控制三部分组成。事前控制主要指事前要对某一行为按预算编制详细的实施方案；事后控制主要指事后审计绩效，检查是否达到预算目标。

控制的层次应界限分明，做到逐级控制。目标明确后，要确保目标的实现，必须严格按目标组织实施。过程中为了防止幼儿园弄虚作假，事后进行审计，确保其真实性。

5.重点性原则

预算编制要做到合理安排各项资金，优先保证重点支出。根据重点性原则，要先保证基本支出，后安排项目支出。基本支出是维持幼儿园正常运转所必需的开支，要优先安排预算，不能留有缺口。

（三）幼儿园预算管理的内容

1.预算制定

预算制定是幼儿园在预测和决策的基础上，对一定时期内幼儿园资金取得和投放等资金运作所做的具体安排。

幼儿园预算的基本编制程序为：

（1）制订年度计划。预算的基础是计划，只有制订出幼儿园下一年的年度发展计划，各部门才能根据计划来编制具体预算。

（2）幼儿园各部门预算编制。按照各部门的年度工作计划以及幼儿园提出的财务预算确定目标。

（3）幼儿园财务部门审核。财务部门对各部门上报的预算进行审核，要解决错误的预算编制等。

（4）预算确认。幼儿园财务部门与各部门预算确认后，财务编制幼儿园年度财务预算草案，提交上级部门批准。

（5）下达执行。预算经批准后，下达至各预算部门执行。

2.财务预算的执行和控制

确定幼儿园年度计划并以此编制幼儿园预算后，关键在于如何按预算进行控制。预算控制由事前、事中和事后控制组成。事前控制指事前对某一行为按预算编制详细的实施方案；事中主要指在实施过程中严格按预算执行；事后控制主要指事后审计绩效。

预算控制可同时采用多种手段，把财务控制同法制控制、制度控制乃至权势控制有机结合起来。

控制的层次应界限分明，预算控制是激励和约束机制的关键，目标明确后，必须严格按目标组织实施。在实施过程中，必须进行严格的检查监督，确保其真实性，为奖惩做准备。

3.财务预算的调整

由于编制预算时掌握的情况不可能全面，或由于幼儿园外部因素发生了变化，如仍按原预算执行显然不合理，预算的调整很必要。

4.财务预算的差异分析及考核

要使预算的目标成为现实，控制是关键。预算控制涉及幼儿园的各方面，财务管理始终发挥着积极作用。财务的工作重点是分析预算与实际发生活动的差异因素，找出差异的主要环节，督促有关部门制定解决办法。分析出现差异的原因，找出管理中的强项和弱项，总结经验教训。

四、幼儿园收支管理

（一）幼儿园收入管理

1.幼儿园收入管理的内容

（1）财政补助收入：幼儿园从财政部门取得的各类事业收入：教育经费拨款、其他经费拨款。

（2）事业收入：幼儿园开展教学、科研及其辅助活动的收入。

（3）经营收入：幼儿园在教学、科研之外，不具备法人资格的非独立核算部门，其开展的社会服务取得的收入。

（4）附属单位上缴收入：幼儿园附属独立核算部门按照有关规定上缴的收入。

（5）其他收入幼儿园在上述规定范围之外取得的各项收入。

2.幼儿园收入管理制度

幼儿园必须严格按照国家有关规定依法组织收入，统一管理和核算，幼儿园各部门不得截留、私分幼儿园收入。

幼儿园各项收费必须严格执行国家规定的收费范围和标准，使用符合国家规定的合法票据。

幼儿园的发票、收据归财务处统一管理。财务根据幼儿园实际需要统一印制或监制校内结算、管理票据。

（二）幼儿园支出管理

1.幼儿园支出管理的内容

（1）事业支出指幼儿园开展教学、科研及辅助活动发生的支出，事业支出的内容——基本工资、其他工资、社会保障支出、公务费、设备购置费、其他费用等。

（2）经营支出——幼儿园在教学、科研外开展非独立核算经营活动所发生的支出。

（3）自筹基本建设支出是指幼儿园用财政补助收入以外的资金安排基本建设所发生的支出。自筹基本建设资金与国家拨给的基建投资统一纳入基本建设财务管理。自筹基本建设资金单独列支。

（4）附属单位补助支出，幼儿园用财政补助收入以外的收入对附属单位进行补助所发生的支出。

2.幼儿园支出管理制度

幼儿园在经营活动中，应当正确归集实际发生的各项费用，应按照有关规定的比例合理分摊。

幼儿园在有关部门取得的指定用途的专项资金，按要求单独核算，并定期报告资金的使用情况。项目完成后，接受有关部门的检查、验收。

幼儿园的各类开支应严格按照预算控制。各级财务部门应根据预算确定的项目、支出的额度安排各项开支。各部门的财务支出审批，应指定负责人签字，实行专人负责。

幼儿园要加强对支出的管理，严格控制支出，提高资金使用效益。

幼儿园的支出应当严格执行国家有关财务规章制度规定的开支范围和开支标准；国家有关财务规章制度中没有统一规定的，报上级主管部门备案。对涉及教职工工资和福利等方面的开支，未经批准，不得擅自扩大开支。

五、幼儿园财务分析管理

（一）幼儿园财务报表

财务报表是反映幼儿园财务状况和发展成果的总结性书面文件。

资产负债表亦称财务状况表，表示幼儿园在财务状况的主要会计报表。通过前后期资产负债的比较，反映幼儿园财务变动状况。

收支情况表是反映幼儿园收支及分配情况的报表，收支情况表的项目按照收支结构和分配情况分项填列。

（二）幼儿园财务分析管理

财务收支分析的意义在于将财务报表数据转换成有用的信息，帮助了解幼儿园的财务状况。

财务收支分析应遵循：要从实际出发，坚持实事求是；要全面看问题，坚持一分为二，反对片面地看问题；要注重事物之间的联系，坚持相互联系地看问题；要注意局部与全局的关系；要注意过去、现在和将来之间的联系。

（三）幼儿园财务报表的分析方法

1.比较分析

就是将幼儿园报表中实际执行数与标准值进行对比分析。方法是为了说明财务信息的实际执行数与标准值之间的差异。比较可以是将实际与预算相比，本期与去年同期比。运用比较分析法可以看到实际执行情况与既定标准的差距，原因要结合其他分析方法。

2.趋势分析

这种分析方法是为了揭示幼儿园发展的变化及其原因。帮助分析幼儿园的可用财力及预测幼儿园的发展后劲。

3.因素分析

分析方法是为了分析几个相关因素对财务指标的影响程度。通过替换找出影响程度最大的因素。

4.比率分析

分析方法通过对财务比率的分析，要借助于比较分析和趋势分析法。

六、幼儿园财务管理的规范化

（一）幼儿园财务管理规范化工作要求

随着经济的不断发展，人们对于幼儿教育越来越重视，不同教育理念的幼儿园随之出现，财务管理也不同。

当前我国幼儿园的经费来源主要是政府的财政性拨款，幼儿园经营成本和利润的顾虑较少。财务管理需要重视的方面是对教师资格的培训、幼儿园教学设施的购置和完善、食物安全等方面的经费支出。需要对经费进行合理预算和利用。

随着市场开放程度的不断加大，各种经费的使用额度相应增加，要实现幼儿园规范化的财务管理模式：首先是要对经费灵活运用，编制合理的预算方案；提高财务风险意识，科学做出财务决策，提高经费的使用效率；经费的使用过程中，对票据等原始凭证，在现金的实际操作和交易中，减少现金支出和现金流通；在日常账务管理中，利用财务软件进行登记和记账。

（二）实现幼儿园财务管理工作规范化的主要措施

1.建立规范科学的幼儿园财务管理制度

幼儿园在许多财务制度方面存在漏洞，有些制度落实不到位，幼儿园的制度完善方面要进行强化，制定具有实际操作性的财务制度，对实际工作中的各项收支，对费用支出要严格控制，采取积极的成本控制模式。要明确资金的来源渠道和使用方向，要及时进行登记，建立专项管理档案，要根据教学计划合理配备资产设施。

2.加强预决算和收支管理

预算是否科学直接影响幼儿园的经费使用情况，幼儿园的领导必须从上级层面高度重视，通过科学编制财务预算，合理确定开支项目，要将预算管理制度纳入年度目标管理考核范围；做好幼儿园的年终资产资金清理工作，保证预决算报告的实效性。

在收支管理方面，要对收费的具体内容和依据标准逐项明确，坚决杜绝乱收费现象；要严格按照财务规定执行，实施收支两条线管理。对于幼儿园与其他单位的往来账目，要防止账目混乱，对于已完成审核程序的款项和支出，要及时核销。内部要实行财务公开，要合理界定财务人员职责，建立幼儿园内部的财务审计监管机制。做好财务风险的内部防范和控制。

3.提高财务人员业务素质和工作能力

当前许多幼儿园对教师的资格审查要求较严，对财务人员的能力要求较弱。要从实际需求出发，配备符合幼儿园财务岗位要求的管理人员，对财务的业务素质和工作资格进行岗前考核。对现有的幼儿园财务管理人员，要培养其科学先进的管理理念，丰富其财务知识理论基础。要强化对幼儿园财务管理人员的道德素质培训，减少工作流程中的责任不清和推脱扯皮现象。

4.强化领导的财务工作管理意识

当前幼儿园财务管理中，对于经费的使用有时不够科学，固定资产的配备与教学计划不符，领导应当提高对财务工作的科学认识，对预计购置的资产，要进行广泛调查，对设备的预计使用情况要认真讨论，把有限的经费使用在最需要的地方。

要做好幼儿园的财务管理工作，切实考虑幼儿园实际工作状况，严格落实财务工作纪律，保证经费的安全，杜绝财务风险。

第四节　幼儿园信息化管理

一、幼儿园信息化管理的现状与发展趋势

（一）幼儿园信息化发展的现状与背景

1.在幼儿的生活中，信息技术成为不可或缺的内容。

2.家长们的信息技术水平普遍提高，懂得运用信息技术手段获取教育知识；幼儿园教师的信息技术水平也大幅度提高。

3.随着国家对在学前教育中引入信息技术的重视，幼儿园设备的投入更加普及。

4.随着信息技术设备的不断投入，幼儿园对信息化教学给予了大力支持，从教师的培训到设备的增加与更新，都体现出幼儿园管理的信息化与规范化。

5.教师使用信息技术的水平提高。网络给教学带来极大的方便，促进了幼儿园信息化水平的提升。

（二）幼儿园信息化未来的发展趋势

1.促进学前教育信息化向内涵发展

随着政府对学前教育信息化的重视，幼儿园的信息化硬件水平有了显著提升。但是对信息化建设的软环境，需要有深入的思考。

2.通过信息化手段达到教育的公平化

学前教育发展不均衡是制约学前教育质量整体提升的瓶颈。信息技术利用优质教育资源进行区域性辐射，让各地区的孩子共享优质的教育资源。

3.以信息技术为支撑，促进教师专业发展

随着科技的进步，教师利用信息技术进行教学的能力越来越强。但也应当清醒地认识到，信息技术的使用是重要的，重要的是教师的教学方法是否有利于幼儿的健康发展，提升教师的信息素养是极其重要的。

二、幼儿园信息化管理的内容

（一）在幼儿园中建构信息技术的大环境

1.硬件环境

（1）借鉴相关信息促自身发展

借鉴《中小学信息化评估指标体系》，寻找适合幼儿园发展的内容。

（2）设施设备

如果要开展计算机信息技术方面的研究工作，设施设备的投入非常关键。根据信息技术研究的发展脉络，在建设与配备中有信息技术装备与建设要求两部分。信息技术装备方面：校园网系统、软件平台、教室设备。要求：

①多媒体教学展示单元。应用电视机、视频展台等设备。

②计算机教育办公单元。应用计算机进行幼儿园行政管理及资料记录等教育教学内容。

③多媒体课件单元。应用计算机、扫描仪等数字设备以及视频音频录制。

④校园网。在校园内通过综合布线把服务器、用户终端等连接起来，配备相应软件的局域网系统。

⑤校园闭路电视系统。由演播室、发送系统和接收系统等组成，实现电视转播、电视会议等功能。

⑥校园广播系统。满足幼儿园集体活动需要。

⑦学校安全监控系统。作为幼儿园安全保卫的辅助设备，保障接送安全等功能。

⑧多功能厅。满足幼儿园集体活动需要。

（3）使信息化技术环境逐步完善

信息技术对传统教育模式提出了挑战，要求对教师的角色、幼儿的地位、媒体的作用及教学过程进行变革，从而构建适应现代教育发展的新型教学模式。

2.如何建构幼儿园的信息技术环境

幼儿园建立了信息化环境下的管理与资源共享的新方式，实现了管理方式从传统走向现代，资源的管理从独立使用到共建共享。为幼儿园构建立体化的信息技术环境。

（1）构建幼儿园数字化管理平台，优化科学现代的管理环境

①实现幼儿园信息管理的规范化。信息管理是构建数字化幼儿园的保证，明确各成员职责，相互协调，根据管理信息化实际情况，建立健全了操作性强的各项信息化管理规章制度。

②实现幼儿园行政管理智能化。利用计算机在网络上建立教职工和幼儿电子档案，可以高效管理幼儿的学籍和教职工的履历，向教师和孩子发送生日祝福等。将幼儿园教育教学、卫生保健等资料进行电子管理，建立电子案卷目录，并进行分类。加速信息技术现代化的进程，提高科学管理的实效性。网络的运用，方便了教育管理者监督检查教师班务工作计划、教育笔记等教学资料的撰写。通过互联网的连接，使教师在组织及实施网络教学等方面，发挥现代信息技术的作用。

③促进教师掌握现代教育技能的专业化。教师不仅需要现代化的信息技术手段，需要用全新的观念审视和指导教育教学活动中的环节。在教师掌握信息化技术的过程中，教育理念以及方式也在发生转变。

（2）创设信息技术环境下的沟通平台

①建立外网与社会沟通

建立幼儿园网站，将经营教学情况展示在主页上，设置教育咨询板块。

②通过多种信息化形式实现与家长的沟通

在与家长沟通的过程中，采用多种方法，通过有针对性的沟通，让家长了解孩子在园的状态。

③实现教师间的专业沟通

随着教师水平的不断提升，可开展多种形式的信息化交流活动。

（3）创设信息技术环境下的资源共享平台

①幼儿资源平台

包含幼儿应用资源、幼儿素材资源，这些可供孩子在日常学习和生活中使用。应用资源中：幼儿故事资源、幼儿学习资源等，为孩子提供了安全的网络空间。

②教师资源平台

教师的资源平台是教师之间进行资源共享的主要阵地：环境创设、专业成长、专题研究等，内容非常丰富。

（二）幼儿园信息化管理内容

1.硬件设施智能化

信息技术的发展日新月异，改变着我们的生活和世界。《国家中长期教育改革和发展规划纲要（2010—2020年）》：要加快教育信息化进程，到2020年要实现教育内容、手段和方法现代化。

清晨，幼儿打卡，电脑同步显示幼儿头像；食堂电子屏实时变动数据。电子接送卡不仅是出入凭证，减轻了各岗位登统数据的烦琐劳动；按时打卡，义务巡逻，规范了家长的安全意识和行为。

操场电子显示屏上滚动显示着当天的食谱和园所新闻。校园广播全覆盖，宝宝一日生活不同环节都有音乐和故事陪伴。

幼儿思维具有形象、直观的特点，信息技术的介入，激发了幼儿兴趣，改善了教学效果。信息技术给教师的"教"带来了新元素，培养了幼儿主动探索的精神。

网络资源的优势在于资源共享。网上教研，连线幼教专家进行远程指导。制作课件、视频、编辑报纸、更新网站成为教师们的拿手好戏。借助信息化建设，教师乐学善思，幼儿全面发展。

2.园所管理系统化

炊事员和保健员根据电子屏显示数据定量分餐，合理配膳。出勤率自动排序，及时发现问题，为量化考核提供真实的依据；录入体检信息，对幼儿生长发育进行全方位分析评价。各班根据网页提示，每月集中为孩子们过生日。利用信息化手段，让孩子们了解爱，感受爱，回报爱。

在教师管理中，管理者通过视频浏览各班级、各部门实时活动，为年终择优评先提供依据。科室、班级之间通过校讯通、网站等信息平台进行文件的浏览，给教师提供最便捷的支持，实现低碳环保的网络办公。信息化工作方式把教师们从繁重的事务中解脱出来，提高了工作效率和教学质量。

把档案及保教所需物品及素材纳入电子管理，省时省力。通过网络，实现集团化管理。

信息技术的投入，会给幼儿园带来许多发展机遇，通过承接比赛等活动可以结识众多专家，对幼儿园的可持续发展起到巨大的推动作用。

3.家园共育一体化

网上报名、咨询尽显便利。幼儿园为缓解家长"入公办园难"彻夜排队的现象，可实施网上报名、录取等程序。

远程视频、网站促进沟通。在有网络的地方，家长可登录查看幼儿班级视频；也可登录幼儿园网站，了解园级动态，大型活动介绍；了解班级动态、教学安排等。

微信、QQ群、论坛、园长邮箱加强联系。用网络给家长发送通知、温馨祝福等信息，让手机成为掌上家园。

网上沙龙、家长课堂间互动。家长可通过网上家委会积极参与幼儿园管理，家长不仅仅是幼儿园的监督者，更是支持者，成为幼儿园发展的坚强后盾。

通过家长指导中心家长学校传真知。幼儿园可通过网络平台指导中心向家长进行科学育儿指导，每学期有一定数量的图书专供亲子阅读，能启迪智慧。

以上家园共育的方式，能和家长进行最直接的沟通，增强了教师的师德素养，消除了家园之间的隔阂，相互利用；家长更理解教师的辛勤付出。

第四章

幼儿园室外活动场地建设

第一节　幼儿园室外活动场地建设概述

一、幼儿园室外活动场地建设概述

（一）室外活动的特点

充足的室外活动和游戏，可以让幼儿享受自然因素的滋养，有力地促进婴幼儿骨骼和运动技能的发育成长。

健康的室外活动和游戏不仅能促进幼儿的感知力和记忆力等智力因素的成长，还有助于培养良好的人格、品德和情操。

室外活动和游戏还能促进幼儿与幼儿之间、幼儿与教师间的社会交往，初步认识自己和集体的关系，促进社会交往能力的提高。

根据托儿所、幼儿园教学大纲的要求，托儿所、幼儿园应尽可能多的户外活动和游戏时间。幼儿户外游戏冬季不少于两小时，夏季不少于三小时，至少有一小时的户外体育活动。

室外活动应满足下列面积要求：

1.必须设置各班专用的室外活动场地，每班的室外活动场地面积不应少于六十平方米。

2.全国公共的室外活动场地其面积不应少于：室外公共活动场地面积=180+20（N-1）。

注：180、20为常数；N为班数。

（二）幼儿活动特点

（1）游戏是幼儿的主导活动。

（2）寓教于乐于各项活动中，使幼儿在游戏中锻炼身体。

（3）在游戏中认识世界，增强智力。

（三）室外活动场地的基本设计要求

1.场地应有充足的日照和良好的通风条件。

2.场地应适合幼儿生理特点，创造富有童趣的室外环境。

3.场地应进行铺装便于清扫。

（四）幼儿园游戏内容

幼儿园游戏包括静态游戏和动态游戏。静态游戏有角色游戏、表演游戏等；动态游戏有器械活动，如木桩、跳跃等；体操如棒操、圈操等。

（五）室外活动场地基本设计要求

必须设置各班专用的室外活动场地，场地应设置游戏器具，包括30米直跑道等，并可适当布置一些小亭、园圃，供儿童自行车用的小路。

室外活动场地集中布置，公共活动场地与班级活动场地完整，平面布局紧凑，采光通风良好。

特点：班级活动场地与单元活动室衔接。活动室与活动场地贯穿一体，可获得良好的日照，便于保育人员管理。班级活动场地随单元活动室呈枝状布局。活动室与活动场地自然衔接，班级活动场地独立性最好。缺点是冬季阴影影响较多，设计时应考虑建筑间距、日照、通风要求。

班级活动场地结合幼儿活动单元的布局分散布置。班级活动场地分散布局，适合于班级较多、占地面积大的托幼建筑。缺点是占地大，场地之间联系不方便。

二、幼儿园室外活动场地的基本问题

（一）户外活动场地的问题

随着国家、社会对幼儿教育的日益重视，幼儿园正不断加强幼儿园户外场地的建设，但不少幼儿园的户外场地，存在许多亟待改进的问题。

1.场地面积不足

特别是镇乡幼儿园多为民办幼儿园，大部分是租用建筑物的底楼和其他民房办园，而小学附设园、极少数民办园虽有专门的户外活动场地，平均两平方米的全园共用户外活动场地的要求根本无法达到。建议合理规划，加大投入，确保户外活动场地建设。幼儿园更要合理规划自有资金，确保户外活动场地的改建和改造。

2.场地类型单一

为防止幼儿在户外活动中因奔跑、器械跌落等造成身体伤害，幼儿园应使用人造草地、拼接式塑胶等软化户外活动场地。人工材料软化保护性地面和水泥硬质地面是当前多数幼儿园的主要地面类型。场地基本类似于中小学的操场，平整而没有起伏变化。建议合理规划，增强户外活动场地的适用性。

3.场地使用率低

大型固定组合器械，是不少幼儿园通有的主要体育器械，中小型体育器械配置不平衡，少部分场地宽敞的幼儿园配有秋千、木马等中型器械。由于缺少户外活动场地及对体育活动的不重视，极少开展各种中、小型体育器械的活动。建议合理调整布局。户外活动场地较窄的幼儿园，尽量选择多个单一器械放于场地四周。

在户外场地四周设置土质或水泥面斜坡。户外场地宽敞的幼儿园可重新打造，创设地道、土坡等地形。墙壁上添置隔板、木架，或在天花板和窗户上，随季节变化放置、悬挂各种盆栽植物。

（二）室外活动场地创设与对幼儿的影响

幼儿园室外活动场地的塑造是现代幼儿园设计中的重要组成部分，以幼儿身心健康发展为中心，户外活动对于幼儿的身体，心理的成长的影响都至关重要。创造高品质的幼儿园室外活动场地是幼儿教育的必然要求。

1.幼儿园室外活动场地的教育作用

（1）幼儿园户外环境的概念

幼儿园户外环境，中心体便是特定的人群3~6周岁以下的儿童：以儿童为主体的，由实体构件围合的室内空间之外的活动领地。围绕以儿童为中心的空间范围内的室外活动场地。幼儿园环境是隐形语言，它能随时随地地影响幼儿的思想和行为。幼儿园户外环境构成要素：游戏场所、室外小品等。

（2）促进幼儿多方面的发展

幼儿的发展是与周围环境主动地相互作用的结果。室外活动场地向幼儿展示了丰富、形象的认识内容。幼儿可以积极地与环境相互作用，主动地获取有益于身心健康发展的丰富经验。室外各种各样的活动能够使幼儿发挥出最大的学习积极性，对于幼儿的认知、语言、情感态度等方面的发展，有很大的影响力。

2.幼儿园室外活动场地的主要类型

（1）现代新型的室外活动场地

传统的单一类型的活动场地被能满足幼儿全部需要的活动场景观念的现代新型的活动场地所代替。固定的大型器械仅被看作整体环境设计中的一个要素。传统的固定的室外活动器材将被更新的现代的活动材料取代或与之结合使用。

（2）有特色的室外活动场地

许多幼儿园由于经费不足而无法创设最好的、能满足幼儿全部需要的室外活动场地，他们着眼的不是他们想为幼儿提供什么，而是他们不得不为幼儿提供什么。因此，一些幼儿园从本园实际出发，因地制宜地、充分地利用本园的教育资源，创设出了因园而宜的室外活动场地。这种室外活动场地同样有助于使幼儿活动时间延长，合作性行为增加、语言技巧获得发展。

室外活动场地将越来越成为促进幼儿发展的重要方面。全世界的幼儿在室外活动场地中将进行着相同的活动，材料是专为创造性活动设计、能满足幼儿期普遍需要的物体。当幼儿园把自身看作是大千世界的组成部分时，幼儿就成为世界公民。

3.幼儿园室外活动场地创设的问题与方向

室外活动场地是对室内环境的延伸。在室外，幼儿能够从艺术与自然中感受到快乐；幼儿能够互相交流感情；幼儿能够体会人类的个性与社会性；幼儿能够为他们的游戏过程和结果做出选择、承担责任。室外活动场地对于幼儿的成长与发展有着巨大的潜在作用，人们越来越在时间与资金上给予室外活动场地的创设更大的关注。

今后的发展趋向，是在幼儿的生活中创设室内、室外活动场地，这对于幼儿的发展将有着非常重要的意义。把室内环境与室外活动场地融合在一起的例子很多，如可以藏身的门廊，天气变冷时可改为活动室等。在设计中，幼儿会非常喜欢其中的"室外"区域，因区域为户外活动中很少进行的特殊活动。幼儿园增加的室内、室外活动场地，在幼儿不断扩大的生活范围内为幼儿提供了成长与发展的方面。

4.环境心理学角度看幼儿户外活动

（1）环境感知、认知理论

感觉和知觉统称为感知，人通过感觉、知觉的主客观刺激，从而形成认知。人用感官来接收环境信息，经过人自身的经验总结，把知觉对象的前后关系和背景参与进来。幼儿在幼儿园室外活动场地中进行活动，通过他们自己对室外活动场地的感知认知，帮助其生长发育、完善其性格特征。

（2）空间行为理论

①私密性与公共性

私密性与公共性由行为倾向和心理状态决定。合理的私密性能丰富环境中使用者的情感内容。空间的完整和确定常为定位私密空间。幼儿园室外活动场地具有公共性的特点，环境的设计应考虑提供私密性调整的可能。在公共性的空间建立局部私密性设计，可以丰富园区室外活动场地的内容。

②领域性

领域性是个人或群体为满足某种需求，对其加以人格化和防伪的行为模式。领域性的类型：主要、次要、公共领域。幼儿园的室外活动场地类似于公共领域。室外活动场地活动，如果没有老师特别安排的活动内容，室外活动场地是相互公用的。但是部分幼儿的好胜心，有时会导致公共领域的设备被部分儿童频繁使用。所以，在幼儿室外活动场地中应考虑领域的建立。

③个人空间与个人距离

个人空间与个人性格、情绪、年龄相关。幼儿处于性格朦胧期，在幼儿心理阶段，儿童间的距离常常是亲密的距离。幼儿室外开敞的空间环境，为嬉戏玩耍创造了有利条件。但部分儿童的性格内向，亲密距离变大，适当的个人距离，使室外活动场地变得人性化。

5.环境心理学理论在幼儿园室外活动场地设计中的应用

（1）室外游戏场地

游戏是儿童的主导活动，幼儿天性追求玩乐，在游戏中成长，儿童的整个生活就是由游戏组成的。室外游戏场地的设计要同儿童游戏目的联系起来，做到室外游戏场地设计的有针对性。幼儿园室外游戏场地：全园只设大型的公共游戏场所；各班设独立的班级活动场地。

（2）班级游戏场地

班级游戏场地常由建筑、绿化、连廊围合而成，场地与以班级为单位的活动室联系紧密。儿童在既定的班级圈里相互认识，对自己班级活动所属地域性强。在满足良好日照和通风条件下，场地与建筑物衔接处种植花草的设计，对陶冶儿童情操有一定帮助。但班级游戏场地因为用地的面积不大，对于大型活动项目无法展开。班级的相对独立分区，对不同班级和不同年龄层的儿童交往带来不利。在对幼儿园室外活动场地设计时，因幼儿园建设面积有限，使班级游戏场地成为半开敞空间，加强班级间联系。

（3）公共游戏场地

公共游戏场地是为全园幼儿开展大活动量及多种游戏的需要而设置。公共游戏场所中游戏项目设计应符合儿童个人空间尺度，使儿童在相互玩耍的适宜尺度下活动。同时游戏设施应符合不同年龄段儿童的需求，创造具有次序的领域性空间。当孩子们聚在一块，游戏就可能发生，但这并不是预先确定的。

（4）室外景观绿化

室外绿化的设计，不仅能改善园区的小气候，同时不同种类、不同形态、合理搭配的室外绿化还可以起到功能分区，美化环境，增加艺术情趣，培养儿童热爱自然的情感，促进幼儿身心健康发展的作用。通过对部分幼儿园的走访了解，他们更关注一些小型的植物，不同的小型花草是儿童好奇的焦点。设计出符合儿童人体尺寸的景观绿化，是贯穿室外景观环境的重点。根据儿童喜爱不同几何形体或卡通形象的特点，部分幼儿园还采取了人造景观植物的做法。人造景观植物造型，大多也作为幼儿园室外活动场地中的标志物。这些具有美感，富有情趣性的景观节点，对于儿童感知的提高，有着很大的帮助。

（三）室外活动场地的教育意义

1.支持幼儿身心健康和谐发展的环境

环境教育因素的重要性，应抓住幼儿园环境中的有效资源。幼儿是发展中的个体，以保证幼儿的身心健康发展为前提，为幼儿创设积极向上的态度和良好的行为习惯，创设适宜幼儿身心健康，有助于建立宽松、愉悦、尊重幼儿需求的人文环境，满足生理和心理需要，激发其内驱力。

室外活动场地要符合幼儿阶段的年龄特点，让幼儿游戏的时候感觉到有安全感才会大胆参与游戏。如室外的各种设施设备是定期进行安检，保证安全无隐患的，发动幼儿园的孩子一起参与去做安检工作；幼儿园的地板是具有可弹性的，让幼儿尽情奔跑跳跃的。室外活动场地的格局是安全的，在幼儿跑跳钻爬的时候不易造成意外事故，避免不安全隐患给幼儿带来身心创伤。幼儿园的各种运动器械应该按幼儿园的场地使用来分配，便于幼儿在各个活动场地运动时便于取放。

幼儿园室外活动场地是否遵循了幼儿身心发展规律，室外活动场地需要给幼儿提供可以促进其各感官发展的环境。幼儿园室外活动场地种植四季分明的植物，具有观赏美观性，具有自然探索性，给教育提供了更大的教育空间。

幼儿园的隐性环境对幼儿心理发展培养起着重要的引导要素，建立宽松、平等、支持的、有利于幼儿心理健康发展的环境，使幼儿拥有积极、健康的心理状态发展。

2.支持幼儿认知及社会性发展的环境

环境作为隐性的教育环境，幼儿的认知发展跟其直接经验有着紧密关联，最容易培养幼儿兴趣的也是最有效的认知，而不是通过图片或说或听获取的间接经验，主动经验在幼儿的大脑记忆时间最长，真实的环境让幼儿获取直接经验，有助于幼儿的主动参与及自主学习的良好品质培养。

幼儿期都处在语言发展的关键期，这个时期幼儿园的环境要为幼儿的语言服务，幼儿园墙面的布置，对幼儿的教育意义很大，我们应抓住环境中的有效资源，对幼儿进行教育；幼儿期是培养幼儿阅读兴趣的关键时刻，为家长与孩子，孩子与同伴等之间阅读的机会，创设一个温馨、合作的阅读环境。

社会性发展是幼儿在社会条件下独立掌握社会规范，妥善自理，客观地适应社会生活的心理发展过程。融入环境，自主地参与各种活动，给幼儿提供参与种植，参与园区内的某一片布置的机会。利用园内户外开辟出一片艺术区域，支持幼儿拥有相互之间欣赏的机会等。

幼儿园环境须支持幼儿小组和集体间的互动及合作，如户外的小组教学等。户外的教学活动具有神秘的感觉，课程与户外环境的结合，是把经验与真实环境相融合。让师幼亲近自然，多了一份探索，多了一份感知，更利于师幼、幼幼间的互动与沟通。

幼儿园环境教育以强调环境中美的事物与现象为主，使幼儿在自然美的熏陶下参与各项活动。

3.支持幼儿创造性游戏及探索活动的环境

幼儿喜欢探索,是创造奇迹的个体,允许幼儿、班级间进行反复探索,具有可操作性、可探索性。幼儿自发探索的主题,教师引导幼儿提出困惑,根据困惑进行实物探索。

幼儿园的室外活动场地在幼儿园环境中还起到了美化幼儿园的作用,幼儿园的外在环境不仅体现了本园的办园理念,还体现了幼儿园的文化氛围,对幼儿的教育发展起着引领的作用,让孩子们健康快乐地成长。

(四)室外活动场地的规划和建设

1.相关规则

(1)室外活动场地要保障幼儿活动时的安全,方便幼儿锻炼体魄认识自然,场地整体布局合理。

(2)室外的各类场地应向所有的幼儿开放。

(3)充分利用幼儿园的树林、水池等,引导幼儿接近自然,学习观察。

(4)幼儿园绿地率应不低于30%。

(5)有保证幼儿在阴雨天活动的场地和设备。

(6)采取有效措施降低周边环境对幼儿园的噪声影响。室外活动场地包括常规的露天场地,室外活动场地是幼儿主要的身体锻炼场所,它对幼儿健康成长、培养友爱至关重要。在设计室外活动场地时,有利于开展各种教育活动。集中绿地可以美化净化幼儿园环境、改善小气候,可以起到美化、优化教育环境的作用,在幼儿园建设中要统筹考虑。

2.建议

(1)优秀的室外活动场地应该有土丘、水池等,配置大型和中型的滑梯、攀登架,场地边沿应该设置分班的种植园地,有动物饲养角。

(2)有条件的幼儿园可建设能够在风雨天使用的操场。室外活动场地夏天有树荫等遮阳,冬天有充足的阳光照射。

(3)室外活动场地的地面不可铺设有化学污染的材料;不提倡铺设花岗岩和水泥地,因为这些不利于幼儿奔跑跳跃;大面积铺设塑胶地面会造成空气污染,所以除了跑道之外,其他地方不宜铺设。

(4)在室外场地上,应该大量种植适合当地生长的树木花草,教幼儿认识它们。有一些植物的果实，颜色艳丽但是有毒，要提防被幼儿误食。

（6）幼儿的听觉正在发育之中，过高的声音会损害听觉，室外活动场地上不宜使用高音喇叭。

幼儿园安全工作确实很重要，但是满铺塑胶地则弊多利少。很多材料的防滑性能良好，综合性能远高于单一铺塑胶。

三、幼儿园室外活动场地的布置

（一）室外活动场地布置的基本原则

1.与教育目标相一致的原则

幼儿园教育目标是使幼儿获得有益于身心发展的经验，促进幼儿的全面发展。幼儿园教育的目标是促进全面发展，那么在室外场地建设上对体、智、德、美几方面，在健康、语言、社会、科学、艺术五大领域就不能重此轻彼。凡是孩子发展、教育目标所设计的领域，就应有相应的环境布置。

2.与幼儿发展相适宜的原则

不同年龄阶段，幼儿身心发展存在着年龄差异。室外场地建设必须适应不同年龄幼儿的特点，通过不同层次的环境和不同的材料来达到教育目的。好奇、探究是幼儿的天性，如果环境布置总是一成不变，不仅不能给孩子以新鲜感，久而久之也会使孩子的主动性、积极性随之下降。

3.教师与幼儿共同参与的原则

幼儿园环境的教育性不仅蕴含在环境之中，而且蕴含在室外场地建设的过程之中。室外场地建设特别是室内室外场地建设，应充分让孩子参与，征求孩子的意见。让孩子参与设计、提供材料与作品、参与布置，然后利用环境进行幼儿的主动活动。

4.园内外环境相协调的原则

既要重视园外环境的创设，也要重视园内环境的影响。通过多种形式主动与家长联合，对家长进行科学育儿知识的培训，使之配合幼儿园教育，也可以请特殊岗位和有特长的家长到幼儿园给孩子们讲课。

5.经济实用的原则

幼儿园的室外场地建设应考虑幼儿园自身的特点和条件，要多使用废旧材料布置环境、制作玩具教具。

6.突出特色的原则

幼儿园室外场地建设要结合各自的不同特点，切忌千篇一律，千园一面。可以充分发掘地方蕴藏的课程资源，突出地方特色和教师特色。

7.安全卫生的原则

幼儿园的园舍要做到安全，在新建幼儿园过程中，首先考虑园舍的安全问题。所种花草既要漂亮，又要无毒、无危险。室内、寝室要安装紫外线灯或随时用消毒水消毒。吊扇使用前对其稳定性要进行检查。其次是玩具安全，室内外玩具都不能有危险性。室外大型玩具有相当一部分是铁制的，边角都要圆滑。一些"三无"塑料玩具也有安全上的问题。

8.平等和谐的原则

幼儿园精神环境的创建。精神环境创建的中心是建立融洽、和谐、平等、健康的人际关系。教师的态度和教育方式，有助于形成幼儿安全心理环境，形成健康的人格。尊重幼儿的人格和权利，就是把幼儿当成有思想、有个性的人。幼儿的身体是相对脆弱的，幼儿的心理同样是脆弱的，这就需要我们的充分尊重。尊重幼儿身心发展规律和学习特点，从孩子的特点出发，用孩子能够接受的方式去教育孩子，不能搞小学化的东西。关注个别差异，特别要关注那些与众不同的孩子。

（二）室外活动场地创设

1.把握环境创设的定位和原理，全面规划园所的总体环境

（1）户外大环境布局

地理环境多样化。室外活动场地的多样化是诱发幼儿兴趣的条件。在室外活动场地创设中设计了沙地、草地等活动场地；地理环境富于变化：有高有低、有平面平地、有阶梯形、有丰富的绿化带。场地划分区域化。幼儿园整体环境就成为一个"三维空间"，大型玩具成为我们练习各种基本动作的好地方。

（2）室内各种小环境的有效利用

除了大环境的总体规划和布局，小环境的条件的创设也起着画龙点睛的作用，如教室走廊活动区，在地面上画些格子、几何图形供幼儿进行动作练习；在活动区域放置小型的器械，供幼儿休息或课间时随时进行活动。

总体规划和创设一个合理、多功能性的环境是有效开展体育活动的前提和保证。

2.开发器械功能，创设有利于幼儿发展的物质空间

器械是幼儿园户外活动的物质空间中非常重要的方面。在观察幼儿使用户外器械活动中，发现因其使用方式不同对同一器械参与活动状态产生不同的影响作用。操作器械引起的方法越多，在活动中表现出来的主动性和积极性越高。

器械作为幼儿户外活动必不可少的物质条件，是户外活动的操作材料，将活动中的物质因素转化为要素，通过幼儿活动主动作用于器械，使器械的运用对发展起到推动作用。

3.发挥主体功能，创设有利于发展的心理环境。

（1）以自身积极的情绪状态，创设宽松的活动氛围。

教师的情绪态度与能否带出高质量的户外活动有着密切的联系。在户外活动中的最佳情绪应是积极、充满朝气，能调动活动气氛。活动开展前，应把自己的精神状态调整到最佳点，穿上最适合运动的服装，动作有力到位，用自己的活力去感染和带动，积极投入活动中去。

（2）充分发挥互动作用，引发自主学习与探索。

为幼儿提供适合不同个体的活动内容，使幼儿都能获得表现自己能力的机会。由于幼儿身体和心理存在个体差异，有目的地进行分层指导；在活动中则全面地观察幼儿的活动情况，尊重捕捉幼儿自发生成的东西。

让幼儿在分散活动中，获得自由锻炼机会。如在分散活动中我们让其自由选择器械、自由选择玩法；创设户外活动区，扩大幼儿之间的接触与交往，使幼儿通过活动环境中的人和物发生交互作用，促进其社会性的发展。在自愿、自由的气氛中，随机但非放任的指导中激发幼儿活动兴趣、调控活动量等。提供探索活动的机会，让幼儿通过探索，尝试自身已有的经验，不断地寻求活动方式。在注重幼儿自身经验学习的同时，充分给幼儿的探索活动提供有力的机会。

结合幼儿自身活动实践，对幼儿园良好户外环境创设的认识和思考。在室外活动场地的创设中，不可忘记安全性是最主要的，在保证安全的前提下，才能谈及其他方面。

（二）室外活动场地建设注意事项

1.创设必备的活动区

目前大部分幼儿园的教育活动组织形式，以上课或集体活动为主，孩子们缺乏自由活动的时间，也因缺乏材料和场所及有效的指导，这样增加了老师的精神负担，不利于幼儿的发展，设置活动区势在必行。

活动区就是利用活动室、走廊、门厅及室外场地，提供相应的材料，为幼儿创设的分区活动的场所。设置的活动区：社会活动区；自然科学活动区；数学活动区；艺术活动区；语言活动区；建构操作区；室外可有玩沙区、种植区等。这种划分并不固定，幼儿园在具体操作时可视情况化整为零。活动区大多以班为单位独立设置。有条件的幼儿园应设置共用的大型活动区。不管是哪种类型的活动区，材料的投放都要注意丰富，并适时增添和更换。

为什么要设置活动区呢？没有一定的场所和材料，孩子没有活动的机会与条件，活动区是必备的"硬件"。

（1）可以作为正式学习的延伸并丰富教育活动

在上完课后，幼儿在活动区内通过相应材料的操作复习巩固与应用学过的知识。幼儿身心和谐发展的目标内容丰富，有些则要通过游戏等非正式学习来实现。从教育者的角度来看，活动区是实现教育目标的重要途径。

（2）有利于幼儿个体充分发展

在活动区内，幼儿可根据自己的兴趣、特长及能力自选活动，没有心理压力，任思维和想象自由驰骋，体验成功及活动过程的愉快，发展社会性和健康人格。

（3）有利于教师因材施教

教师既可以在孩子自选活动中给予具体的个别指导，利用活动区进行有目的的小组教育。

（4）有利于提高幼儿自由活动的效率

丰富多彩的活动区活动能有效地避免幼儿无所事事、无聊乏味地浪费时间等不良现象。

2.充分开发空间潜能

幼儿园占地面积大小不等，一些面积比较小的幼儿园，有限的空间得不到充分利用，使幼儿的活动空间与需求形成了矛盾，制约着幼儿的发展。幼儿园需充分开发空间潜能。要触及每一个角落。如围墙、栏杆可种植爬蔓植物，也可以拴绳让幼儿"荡秋千"等。有些环境要变固定的为"动态"的。如把一些墙壁贴上瓷砖，任幼儿自由写、画等。

3.保护环境创设的整体性

环境创设是为了促进幼儿全面和谐发展。内容要全面、系统。凡是孩子发展、教育目标所涉及的领域，就应有相应的环境。既要注意不同领域的横向联系，又要在纵向上由易到难、依次递进。体现出主次关系及层次性。教育过程中各阶段有不同的教育主题，周围环境中就要相应地体现出来。

第二节　幼儿园室外游戏场地设计

一、幼儿园室外游戏场地概述

（一）室外游戏环境规划与发展的重要性

1.户外游戏活动的价值和意义

户外游戏对幼儿的发展价值已经得到国内外教育界的广泛认同。

刘焱教授："户外游戏活动仅被人们看作是'身体的活动'，户外游戏活动包含着'学习运动'和'通过运动学习'。"

"学习运动"：幼儿在户外活动中能促进其生长发育，学会运动的基本技能。"通过运动学习"强调通过户外游戏活动发展幼儿其他方面的能力。幼儿的成长过程中，每个阶段都需要与其相适应的成长环境。

若要使儿童在户外游戏活动中健康快乐地成长，游戏环境的意义是环境会发挥它本身的职能。

2.室外游戏环境应服务于幼儿教育

首先，幼儿是幼儿园的主人，户外环境的创设要得到幼儿的喜爱。空间规划、设施造型、色彩等需与幼儿的心理特点相匹配。幼儿园户外游戏环境的效果与幼儿全面健康成长联系密切。幼儿具有好奇、好动和兴趣的稳定的特征，易受外界环境的影响。游戏是幼儿园户外活动中必不可少的一部分。有趣、合理的游戏环境能够调动儿童参与活动的积极性，促使他们在快乐中运动。户外活动环境的创建还需保障幼儿的生命安全。由于儿童的骨骼还处于不完全发育状态，防护意识差，游戏空间规划时应考虑物品材料的摆放位置，同时，幼儿活动区域划分注意避免彼此干扰。

（二）室外游戏活动场地设计方式与实践

1.设立室外操场

幼儿园的孩子处于成长的年龄，成长离不开充足的阳光和新鲜的空气，孩子应多到室外操场上活动。这种室外活动能够让孩子拥有良好的心情，还能促进新陈代谢，增加营养吸收。非常多的幼儿园并没有宽敞的室外操场，孩子们没有好的场地进行室外活动，这会影响幼儿的成长发育。

2.建立小花园

在幼儿园室外活动中，不能把娱乐当成全部，孩子正是价值观和生活观形成的阶段，在这个年纪要好好地引导孩子。建立小花园，培养孩子的动手劳动能力，培养孩子的爱心。幼儿老师可以把孩子们按年龄分段，分给孩子不同的任务。

3.建立生态的游戏环境

在幼儿园室外游戏场地设计时，应给孩子提供复合型生态游戏场地。我们可以在沙坑里横放两个枯木，要选适当弧度的木头，给孩子提供冒险的场所。原理就是利用地势，将爬行网放在沙坑上空，这样做可以激发幼儿的想象力和兴趣，增强孩子的探索精神。

（三）室外游戏活动场地的注意事项

1.游戏场地应采用全天然材料制作而成，尽管秋千不精美，但是天然粗糙才最贴近自然。

2.游戏空间的多复合性。同一空间内要有多种玩法，在一个场所内，进行多种游戏。

3.在场地设计时，要注意的是材料的选择，选择没有化学物质的高质量材质。在颜色的选择上尽量鲜艳多彩，能够有良好的视觉效果。

4.处理场地方法多样性。在场地的处理上，要有创造性。模仿多种自然界的景象，让孩子进行创作，丰富游戏场地的竖向设计，为孩子们的游戏增添乐趣。

5.抽象的景观。在景观小品的选择和设计上，要选一些抽象的。这样可以丰富孩子们的想象力，让孩子们长时间对它保持兴趣。

6.多种绿化形式。在幼儿园的室外场地中，不能缺少的是绿色植物，给孩子们创造自然清新的环境。

幼儿园室外游戏活动场地的设计中，要与实际相符合，让孩子们感兴趣。游戏场地的设计和选择，有利于孩子健康成长，给孩子积极价值观的指引。

二、幼儿园室外游戏场地的设计

（一）游戏环境设计的意义和原则

1.游戏活动场地设计的意义

（1）确保游戏为幼儿园基本活动。

（2）确保游戏活动场地符合幼儿的年龄特点。

（3）确保游戏活动场地促进幼儿多元智能的发展。

（5）确保满足幼儿多样化的游戏需要。

2.游戏活动场地设计的原则

（1）安全性

强调游戏活动场地的安全就是要杜绝可以预见的危险，不意味着要让环境变得毫无挑战。游戏过程中幼儿出现安全问题可能是多方面原因造成的，不必片面地追求环境的绝对安全。

（2）丰富性

发展性原则：幼儿园室外游戏场地的设计要遵循发展幼儿个性的理念。

（3）发展性

发展性原则是指幼儿园游戏活动场地的创设要以促进幼儿发展为原则。游戏活动场地规划的发展性原则，应根据幼儿的游戏水平以及游戏需要随时做出调整。

（4）参与性

幼儿园游戏活动场地规划要倾听幼儿的想法，能使游戏活动场地更加符合幼儿的游戏需要。教师以讲解为主，结合举例更好地帮助学生理解这两项原则。

（5）开放性

要选择、利用外界环境中有价值的因素。要吸纳家长等园外的人员，从物质上和精神层面为幼儿园游戏活动场地的创设提供支持。

（二）室外游戏活动场地的设计

1.幼儿园户外游戏的特点

（1）与自然紧密结合。

（2）能满足幼儿的运动需要。

（3）促进幼儿积极的人际互动。

2.幼儿园户外游戏活动场地规划应考虑的要素

（1）充分利用幼儿园的自然环境和材料。

幼儿园中的小山丘、小土堆，可以因地制宜，上坡、下坡的途径，同时也要注意，沙池、水池、枝叶茂密的乔木。

（2）巧妙利用场地特征。对于户外游戏场地较小的幼儿园，通过开辟楼顶活动空间，利用户外空间。

（3）考虑不同发展水平幼儿的游戏需要。

户外游戏场地设计要充分考虑全园不同年龄段幼儿的特点和需要。

（4）大型固定游戏器械与小型可移动游戏器材的合理搭配，巧妙规划位置，使之既不能太近，也不能太远。

（5）充分利用日常生活用品创设户外游戏活动场地。

3.幼儿园户外游戏活动场地的创设

（1）幼儿园户外游戏场地的类型

①传统的户外游戏场地

传统游戏场地的器具：立体攀登架、秋千和传统的旋转木马等，每种设备只有一种功能，设施间缺少联系。

②现代的户外游戏场地

由金属和木头混合组成的带有平台、绳索等的大型攀爬结构；各式各样的铁轨、电缆卷轴和轮胎；空心木、圆木等大块经过处理的木头；大型沙坑以及各种大小、形状、样式不同的挖掘工具。

（2）幼儿园户外游戏场地的创设

①集体活动区一大块宽敞的、平坦的塑胶地面，幼儿园周一早晨的升旗仪式，每天以班级为单位组织的户外游戏活动是在集体活动区进行的。

②大型固定游戏器械区

一般放置在幼儿园的草坪、土地或者沙地上。

③玩沙区

玩沙工具是玩沙区必不可少的材料，如铲子、各种动物模型等。幼儿可利用多种工具，使用挖、舀、锄等多种方式玩沙。

④玩水区

一般幼儿园在设计规划玩水区的时候都会把玩水区和玩沙区设计在一起。可以设计成清浅的小池塘，里面养着小鱼，岸边垂柳依依，上面再架一座小桥。

（三）室外游戏区域的创设与实践

1.因地制宜，有效利用活动区域

首先，充分利用塑胶场地周围的大型玩具，创设"小乌龟找妈妈""黑猫警长游戏城"等游戏，让幼儿在情景游戏中练习钻爬、攀登等基本动作，发展幼儿钻爬、攀登等技能和大胆勇于探索等能力。

其次，我们将塑胶场地按小班幼儿的基本动作发展为主进行区域划分。

再次，利用场地周围的小路，开设"打怪兽""套圈"等游戏，进行投掷、向目标物投准等动作练习，发展幼儿投掷技能。

2.有针对性投放材料，创设情景性区域环境

从小班幼儿兴趣爱好来看，他们喜欢充满童趣、情趣、乐趣的活动内容。为此，我们结合小班幼儿生活经验，创设情景性游戏内容，激发他们对运动的兴趣。

3.激发幼儿的挑战性，培养幼儿自信心——关注活动的强度、密度

户外场地的设计最终目的是让幼儿机体得到锻炼，以促进幼儿身体机能的提高。适量的运动负荷能调节幼儿练习时身体和心理所承受的负荷量，保证幼儿运动后取得超量恢复的最佳效果，达到增强体质的目的。

我们在各户外场地的材料投放时，针对游戏特点和幼儿动作发展，提供难易不同的材料供幼儿尝试。

活动器材的摆放、活动器材的难度变化不是随心所欲的，应考虑其多面性，

呈"小步递进"状，让幼儿通过努力是可以达到的，以保护和促进幼儿的挑战和自信心。

4.及时更换材料，提升区域活动质量

随着幼儿动作的发展，他们不再满足现有创设的环境和游戏材料。为此，在户外体育区域活动中，我们应根据幼儿的兴趣和能力对活动材料随时加以调整，满足幼儿活动的需求。

随着幼儿年龄的增长，动作的多方面发展，运动能力的进一步提高，只有不断更换材料，变换情景，才能更好地激发幼儿的运动兴趣，通过探索、尝试，发现多种运动方式和方法，激励幼儿面对困难，勇于挑战，从而培养了幼儿战胜困难的意志品质，发展了幼儿的运动能力。

5.创新与实践

（1）拓展游戏区域

因扩班所致，使原本的专用游戏室只剩下了小社会，为了保证孩子们有足够的时间自由活动和自主游戏，根据实际情况进行合理的布局。

（2）丰富游戏材料

①游戏材料的乡土性

我们充分挖掘农村的自然物、农具等作为幼儿游戏的材料。

②游戏材料的层次性

考虑到孩子们的年龄特点，我们在提供的游戏材料上做到层次性。

③游戏材料的丰富性

自主游戏的材料区别于个别化学习的材料，材料更多的是低结构材料能引发幼儿创造力和想象力。

（3）优化游戏环境

①环境宽松

相对于以游戏为基本活动方式的学习活动，自主游戏体现的环境应更为宽松，孩子们在开阔的场地上搭建，在宽敞的草坪上自由涂鸦，自然的环境本身就给予了孩子们自由驰骋想象的宽松环境。

②规则有序

在游戏中我们注重培养孩子们的规则意识和合作意识。大班的孩子相互商议制定游戏的规则，教师也注重多元介入指导，开展有效的师生、生生互动。

保护幼儿的身体乃至生命是我们创设户外游戏园的前提。我们在创设环境和实践活动时充分考虑其安全性。每一次组织游戏活动时，老师要求先检查活动的区域和器具的安全性再进行游戏活动。

不管是观察体验活动，还是运动游戏娱乐，都赋予户外游戏愉悦的要素。我们的老师尽量管住自己的嘴和手，让孩子们充分地自娱自乐。

三、充分运用室外游戏场地开展游戏活动

（一）我国幼儿园室外游戏活动的现状

1.普遍重视

一是表现在教师对户外游戏活动意义的认识层面。绝大部分幼儿教师都意识到户外游戏的重要性，这为有效组织开展户外游戏活动提供了强有力的思想保证。

二是体现为户外游戏活动有了制度保障。几乎每一所幼儿园一日生活作息制度中都有户外活动时间的安排，为幼儿园户外游戏活动提供了制度上的保障。

三是表现为幼儿园户外游戏活动实施层面。从幼儿园户外游戏活动实施层面来看，大部分幼儿园在户外游戏活动作息制度上都有固定的时间安排。

2.巧用自然资源

将自然资源纳入幼儿园户外游戏活动内容。幼儿与自然具有天然的联系，古往今来，没有不喜欢亲近大自然、不喜欢自然资源的幼儿。

幼儿园利用废旧轮胎、纸箱、易拉罐、鞋盒等废旧材料来开展户外游戏活动，这些废旧材料在幼儿园就成了宝贵的教育资源。

自然界中蕴藏着极其丰富的自然资源。幼儿天生喜欢玩水、玩沙、玩雪、玩泥等，很多幼儿园在户外设置专门供幼儿玩水、玩沙的区域。

二是走进大自然开展幼儿园户外游戏活动。近年来，幼儿园实践取向的户外游戏课程不限于将自然资源"搬进"幼儿园，转而将游戏活动指向墙外，走进大自然。

3.聚焦运动类游戏

幼儿园户外游戏活动的缘起与户外体育活动是密切相关的，二者的发展也紧密地交织在一起。我国幼儿园户外游戏活动大多聚焦在运动类游戏。

从幼儿园一日活动的课程表上对游戏内容的安排来看，户外游戏绝大多数是

户外运动类游戏。

从幼儿园一日活动的实际开展与组织情况来看，户外活动里有大部分时间都是教师组织的集体体育活动或体育游戏。这可能与运动类户外游戏需要准备的材料比较方便或简单，而其他类型的户外游戏，需要做精心准备有关系。

（二）室外游戏的发展趋势

1.类型日益丰富，组织形式多样化

户外游戏活动的应然状态是内容丰富，组织形式多样。但在游戏的实施过程中，受多种因素影响，其实然状态是户外游戏活动内容与形式单一。

随着幼儿教师观念的更新与专业素养的提高，户外游戏活动的开展越来越规范与科学，教师会主动克服各种困难，组织内容丰富、形式多样的符合幼儿多种需求的户外游戏活动。拿儿童户外游戏区来说，不但提供大量的活动案例示范，更从具体内容出发，对户外游戏活动进行了一个分类，即运动类、建构类、表演类、美劳类、探究类活动五大类。

2.户外游戏活动功能"全面化"

户外游戏活动功能"全面化"，指人们对户外游戏活动价值的认识逐渐从过去关注运动型的身体锻炼开始趋向关注和促进幼儿整体身心素质的发展，如社会合作与交往，自信、勇敢的自我意识的培养，感知与认识自然环境的经验累积等。

3.户外游戏活动回归自然

户外游戏活动缘起阶段与自然环境是相互交织在一起的。户外游戏发生在自然界中，幼儿在自然界的怀抱中进行各种玩耍、追逐打闹的游戏活动。随着城市化的迅速发展，幼儿园的环境变化很大，园所环境越来越好，美丽高大的楼房，装修精美别致的各种活动室，高档的塑胶跑道，各种各样的玩具和游戏材料等。

随着幼儿园教育改革的逐步深入，研究者开始认识到幼儿园教育远离自然对幼儿发展的危害。当今幼儿教育研究者大声呼吁应将幼儿教育回归自然，让户外游戏活动回归自然。

4.游戏权利还给儿童

游戏是儿童的游戏，儿童是游戏的主人。户外游戏活动中，幼儿应具有高度独立自主性，能够发挥幼儿的想象力和创造力。但是现在，户外游戏活动在实际开展与实施的过程中，教师出于对安全的考虑，还不敢放手幼儿自由探索。很多教师从幼儿安全角度出发，在组织与开展户外游戏活动的过程中，不敢对幼儿放手让其进行充分的探索与冒险，教师自觉或不自觉地对幼儿的行为进行控制，限制其活动的自主性，大大降低了幼儿在游戏中的自由度。

拿户外游戏区来说，它配备的材料以低结构材料为主，既可以一物多用，也可以一物多玩，单元材料形状简洁、色彩明快，孩子们可以在自由的拼搭中，把脑海中的童话世界变成现实，真正成为游戏的主人。

（三）在室外游戏活动中促进幼儿社会性发展

游戏是幼儿的生命，幼儿爱游戏，游戏是儿童人际交往需要形成与发展的重要途径。也是这种需要寻求满足的途径。现在的孩子生活在高楼大厦之中，陪伴孩子较多的是先进设备电脑、电视，的确给孩子生活带来一定的好处，随之出现的问题也是可见的，有的孩子变得孤独、冷漠、交往能力差等。

1.合理选择游戏玩具材料

我们从实际出发，充分利用废旧物品和自然物来以物代物弥补现有玩具的不足，满足幼儿游戏兴趣需要。

球、绳、竹竿等，把游戏材料玩出花样，让人羡慕，这确实要花费大量的时间和工夫。家长的作用不容忽视，发动家长，为幼儿准备足够的游戏材料，让孩子们的游戏技能技巧、同伴合作交往、游戏规则的建立等，都从户外游戏活动的多样性上得到促进和发展。

2.合理选择并创新运用传统的游戏活动

传统的民间游戏让人倍感亲切，不受场地和时间的局限，游戏内容丰富、简便易行，有的只需十分简单的材料，具有很强的趣味性。传统游戏活动被教师列入选择的范围之内。

在活动中，孩子们参与游戏活动的积极性得以充分地体现。传统的游戏活动如加以巧妙地运用，使户外游戏活动更加丰富多彩。

游戏不仅促进幼儿基本动作的发展，在与小朋友的共同合作中，幼儿可以被关注，形成自然的游戏伙伴关系，促进幼儿社会交往能力的发展。

3.结合课程内容选择符合课题目标的户外游戏

我们在户外游戏内容的选择上，密切结合主题教学内容。我们结合主题教学，充分利用节日，将活动场地扩展到了社会环境之中，为幼儿创造了与社会近距离接触的机会。

4.在亲子游戏中共创和谐家园

利用家长开放、节日活动等机会，让家长和孩子亲密接触，让幼儿感受亲情、体验运动乐趣的亲子和谐氛围。

以户外游戏活动为载体，为幼儿经常接触到空气的温度、气流的刺激和阳光的照射，利于他们增强对外界环境的适应能力，训练了幼儿走、跑、跳、攀登等动作的技能，促进了幼儿主动性、独立性、成就感、自信心、交往能力等社会性的发展。

（四）日本幼儿园室外游戏的教育观念

1.儿童有充足的游戏时间

幼儿在园的生活是从自由游戏开始的。幼儿入园时间为上午8：00—8：30（或9：00），幼儿自入园至10：00或10：30均为自由活动和游戏时间，幼儿可以在室内玩。通常午饭后，12：00—13：00也是自由活动时间。

日本幼儿园教育活动有两种组织形式——集体活动与自由活动，幼儿自由活动与集体活动的时间之比一般为3：1，幼儿每天在园大约有三小时可以在户外进行自发自主的游戏。

集体活动也以游戏为主。集体活动的一种重要形式是"行事"活动，如"七夕""风筝"等，这种取材于社会生活或幼儿园生活中重要事件的综合主题活动，通常也是密切结合儿童生活经验，运用游戏的形式，使幼儿得到充分的情感体验。

2.游戏场地材料简易、朴实、自然

日本幼儿园通常有较好的自然环境，有浓郁的树荫，有的幼儿园就建在小树林中。日本幼儿园一般户外场地较大，有的虽不很宽敞，但利用充分，幼儿可以跑动、探究、玩耍。

幼儿园所提供的游戏环境与材料具有简易、朴实、自然的特点，使人有平实亲切之感，特别有利于激发幼儿活动的兴趣。

幼儿园注重为儿童提供在自然中游戏的条件。材料、设施常常是依自然环境设置，如在树上系绳、打绳结、架绳梯、挂绳网，或是两树之间架秋千，供幼儿攀爬、荡悠。有的依大树干造一小木屋，幼儿可爬上去玩他们喜欢的游戏，有依山地势高低不同而设跳台，或是在场地上特意堆起小山坡，让幼儿进行登、滑、钻、爬等活动。

沙箱、沙地及玩水设施的设置很普遍。这类活动幼儿最感兴趣，利用率极高，有的幼儿园甚至把整个院落作为大沙场供幼儿挖土装车、堆沙造型。

自然物及废旧材料利用充分。如用木桩做平衡木，将旧轮胎插入地面做成跳马；提供大量旧轮胎，供幼儿码叠、滚动着玩。在幼儿园常常可以见到一些用纸板箱、废纸盒等做成的摇马、娃娃家小房子等。通常，各班均备有装纸片、木块下脚料等废弃物的箱子，很多玩具都是幼儿自制的。

3.游戏活动类型多样，注重自然游戏

日本幼儿园特别注重引导幼儿进行密切接触自然的游戏和在自然中进行的游戏。

幼儿可在沙地中玩沙筑工事，拿小桶装水倒进沙筑工事中，有的玩得兴起，甚至光屁股跳进沙地、泥水中戏耍。到了夏天，通常幼儿每天可以在水池中游戏、戏水。

幼儿可以开展接触自然的活动，如在草丛中寻找昆虫，他们三三两两提着小笼子在草丛中寻找、捕捉、观察昆虫等小生灵的不同形态、习性，关注他们的生存状况。

幼儿可在户外充分开展游戏，如跑动、蹬脚踏车、玩大型运动器械、爬竿、爬楼梯等，充分运动身体体验惊险，感受克服困难后的愉悦和对自己能力的自信。远足运动则是引导幼儿走向自然的一项综合活动，他们也经常开展这一活动。

日本幼儿还常开展有关鬼的游戏，如玩碰鬼、冰鬼、高山鬼的游戏，又如玩"鬼和大鸟的故事"，使幼儿经历黑暗、冒险，进行竞争与合作，体验恐惧与成功。

4.游戏中幼儿自主自由，教师积极参与，共享游戏欢乐

游戏中幼儿自主自由，活动类型不是由教师硬性安排的，而是由幼儿自己选择的，玩什么、怎么玩均由幼儿自己做主。如教师与孩子们一起做泥饽饽，或是与孩子们一起挖沙、用沙修筑工事等，或是一起玩荡船及打水仗、捉人等。

教师始终是一名游戏的参加者。教师积极参与活动，有时建议指导，有时给予一定帮助，但更多的时候是作为幼儿中的一员，师生之间较少出现距离感。教师作为幼儿的游戏伙伴，以自己饱满的情绪感染影响幼儿，并对幼儿表达支持、赞许的态度。这种平等关系有助于幼儿在活动中学习自己做主，自创玩法，因而游戏中较少看到幼儿依赖教师的行为。教师通常不对幼儿提出硬性的要求，而是与他们一起活动，用行为感染他们。教师的作用就是千方百计让儿童玩得高兴。

自由活动中，一般班级界限不明显，教师较为放手。每个儿童可以做他喜欢做的事情，不同年龄、班级的幼儿也可相互学习、影响。

当然在游戏中，教师并非完全放任，而要做到心中有数。教师注意幼儿和谁玩、在哪儿玩、玩什么、玩得如何等，并依平时对儿童活动特点的观察了解，进行相应的指导。

（五）室外游戏场地之经典游戏

1.滚彩球

准备：大塑料彩球3个、饮料瓶12只

玩法：幼儿站在起点，家长站在终点。幼儿从起点开始滚彩球，途中绕过饮料瓶障碍，至终点家长背着孩子再抱起彩球跑向起点，先到者获胜。

2.运粮食

准备：沙包若干、呼啦圈3个

玩法：幼儿站在起点，家长在终点。幼儿从起点处将沙包放在头顶，手放在身体两侧，运至终点处交给家长，家长用脚夹跳进呼啦圈内，在规定的时间内（2分钟），圈中沙包最多的获胜。

3.袋鼠运蛋

准备：沙包3个

玩法：家长站在起点，幼儿站在终点。家长从起点用膝盖夹住沙包跳至终点，把沙包交给在终点等候的幼儿，再由幼儿用膝盖夹住沙包，跳回起点，先到者获胜。

4.快乐水功

准备：桶6个、雪碧瓶3个、舀子3个

玩法：家长从起点手拎两桶水至终点，幼儿在终点用舀子将桶里的水灌入雪碧瓶中，先灌满的获胜。

5.心心相印

准备：呼啦圈3个

玩法：幼儿跳入自己前面的呼啦圈，然后将圈从脚下到头上取出，再次放到前面跳入，再取出，以此类推直至终点，在终点等候的家长与幼儿一同钻入圈中，一个在左边，一个在右边，用身体的力量撑住呼啦圈，不准用手拿，跑至终点，先到者获胜。

6.毛毛虫钻洞洞（小班幼儿及其父母）

材料：头饰（一组毛毛虫3个）、泡沫垫、3个圈、山洞、轮胎。

玩法：父母、幼儿头戴毛毛虫，听到发令时排成一列纵队行进，爬过垫子幼儿钻过父母身体弯成的洞幼儿钻出山洞大家跳圈（或父母立圈，幼儿钻圈）绕过轮胎往回走，抬轿子跑回起点，先到起点者为胜。

7.营救袋鼠妈妈大行动（母子）

材料：布袋、泡沫板、气球、大饮料瓶。

玩法：小袋鼠行进跳爬过泡沫板取到气球行进跳交给妈妈气球，妈妈吹鼓气球后，用脚踩破幼儿脱袋，妈妈用袋跳跃，幼儿拎水一起回起点，先到起点者为胜。

8.抬轿子

玩法：

（1）准备绕有彩色皱纹纸的竹竿两根，长约80厘米。

（2）父母两人两手各抬一根竿于身体两侧，幼儿站在其中"坐轿子"，两手抓好竹竿。游戏开始，三人协同一致地向前走，一边走一边喊"一、二、一"，以便协调动作。

（3）父母应该始终抬好竹竿，不能松手。

9.看你笑不笑

准备：一根吸管。

玩法：

（1）幼儿和家长围坐成一个大圆圈，由其中一人先用鼻尖和上唇夹一根吸管。

（2）做出怪象逗对方发笑，并把吸管传递给对方，一个一个互相传递，把吸管弄掉的就算失败。

注意事项：在围圈的过程中注意调整幼儿与家长的距离，以避免距离过远传递时掉落，鼓励孩子大胆将吸管传递给身边的伙伴或叔叔、阿姨，控制好自己的身体以保证顺利交接吸管。

第三节　幼儿园体育活动场地建设

一、幼儿园体育活动场地建设概述

（一）体育活动场地的现状及形成原因

在户外体育活动中激发幼儿主动参与性的尝试户外体育活动是通过丰富的活动材料，充足的场地空间，科学的项目设置来促进幼儿动作、意志等方面发展的途径和方式。

幼儿园把保护幼儿生命和促进体质健康放在首位，让学前阶段的孩子亲近自然，帮助他们从小养成体育活动与锻炼的习惯和技能。为培养幼儿对体育活动的兴趣，根据幼儿的年龄特点组织生动有趣的体育活动是户外体育活动必要的。但目前幼儿园开展户外体育活动的条件状况不容乐观。

1.户外体育活动场地现状主要是

（1）体育活动设施不完善；

（2）配套设施不完善；

（3）户外体育活动场地微小气候湿度较高；

（4）绿化面积与场地面积密切相关；

（6）不同性质的幼儿园，在场地面积、体育器械拥有率、绿化等方面差异显著。

2.影响户外体育活动场地创设的主要因素

（1）幼儿园整体规划不科学；

（2）对幼儿园的资金投入不足；

（3）各级管理者对幼儿体育重视不够。

3.综合性对策

（1）加强重视，贯彻和实施幼儿体育教育和管理理念；

（2）增加资金投入，创设现代化的幼儿园户外体育活动场地；

（3）创设经济、适用的幼儿园户外体育活动场地；

（4）因地制宜，挖掘潜力，创设有特色的户外体育活动场地；

（5）合理利用幼儿园户外体育活动场地和设施资源。

（二）体育活动场地建设的重要性

1.为幼儿创设和谐宽松的活动环境

（1）提供丰富的玩具和材料

在组织幼儿进行户外体育活动时，教师给幼儿提供的玩具找到幼儿兴趣、原有水平与教育目标和内容的结合点，让他们自主活动。幼儿的活动能力各不相同，我们在为幼儿准备活动器材时要适合幼儿的发展水平，让幼儿自主探索玩具的玩法。

玩具都为幼儿的想象、创造提供较为宽松的空间，孩子们不仅玩得开心，自信心和成功感也得到了增加。

（2）营造和谐、温馨的心理环境

给幼儿一个自主发展的空间，在精神上我们更应该相信孩子，发现每一个孩子的闪光点，使其充分感受到被同伴接纳，建立自信心。户外体育活动中，教师要经常与幼儿交流，充分尊重幼儿的意愿，把教育目标渗透在活动之中，使幼儿参与活动的积极性更加浓厚。

2.使幼儿积极主动参与活动

幼儿的主动活动来自主动思维，在活动中教师不再讲要求，注意创设环境氛围，引导幼儿看看、说说，启发幼儿自己去尝试。

3.给予幼儿积极合理的评价

教师在评价过程中要用欣赏鼓励的目光关注幼儿。面对幼儿在活动中的表现，给幼儿的第一个评价就是微笑。

用赞赏肯定的目光评价幼儿。幼儿都希望得到老师的表扬，老师不要吝啬赞赏性的语言，哪怕幼儿有一点点进步与创新，应及时当众表扬。对于胆小、体质较弱、能力较差的幼儿，老师应多鼓励多表扬，教师更不要用整齐划一的标准评价不同的幼儿。

户外体育活动过程中艺术性的评价，对幼儿参与活动的兴趣有激励作用。

教师应鼓励幼儿进行自主评价，更好地在户外体育活动中培养幼儿的自主性。幼儿天生好动，户外体育活动是幼儿喜爱的活动，不仅能促进幼儿的生长发育，提高智商，提高反应灵敏度。我们不应将发展幼儿基本动作视为最终目的，应充分利用幼儿在园的机会，教师在组织户外体育活动时，充分调动幼儿的积极性、主动性，同时利用一切契机，不断增加幼儿的活动密度，提高幼儿参与度，在丰富多样、积极愉快的体育活动中。

二、体育活动场地的环境建设

（一）体育活动场地的总体建设

1.把握环境创设的定位和原理，全面规划

（1）地质地貌多样化

多样化是诱发幼儿活动兴趣的基本条件。户外的地质设计了五类：沙池、水泥地、石地、草地、器械活动地。

（2）场地划分区域化

我们把户外场地大致划分为器械区、动植区、养殖区、绿化区等。

（3）设备器械多功能化

体育活动区器械的设置考虑不同的功能及需要：包括数十种大小型器械、面积宽敞的游戏场地、鹅卵石小道、沙池、蹦蹦床等。幼儿园整体环境就成为"三维空间"，得以充分利用。

2.开发器械功能，创设有利于幼儿发展的物质空间

（1）老器械新玩法

每一种器械都有其自身的功能与特点，特别是对于幼儿园的一些常见器械，可以创造性地进行老器械新玩法。在熟悉各种活动器械的功能和掌握其技能后，开发挖掘其新的玩法，引导幼儿创造性地一物多玩。

我们在鼓励幼儿一物多玩时，用暗示启发方法，帮助幼儿创造出更多的玩法，兴趣越玩越高，思路越玩越广，身心也就越玩越健康了。

（2）废物利用，自制器械

我们收集各种废旧物品自制的器械，更能激起幼儿的参与性与主动性。器械制作方便、节省、便于更新，孩子喜爱，锻炼效果好。

我们还非常关注趋于现代化的新器械，大胆地尝试使用，尽量开发新器械的功能。通过我们的精心设计，充分发挥体育器械的功能，促进幼儿各种基本动作的发展。

3.发挥主体功能，创设有利于幼儿发展的心理环境

（1）树立正确的体育活动价值观，注重幼儿发展的整体性

体育活动是教师通过对幼儿运用指导，运用各种感官，锻炼提高体能，通过活动技能的习得与自我意识的提高来发展幼儿心理品质，奠定幼儿身心健全发展的基础。体育活动需要发展幼儿的运动技能，应让幼儿在自由、宽松的活动中去玩、去尝试、去探索，得到全面发展。

（2）以自身积极的情绪状态，为幼儿创设宽松的活动氛围

教师的情绪态度与带出高质量的体育活动有着密切的联系。在体育活动中教师的最佳情绪应是积极、充满朝气。在体育活动开展前，应把自己的精神状态调整到最佳点，穿上最适合运动的服装，做孩子的玩伴。

（3）充分发挥互动作用，引发幼儿自主学习与探索

有时我们教师要教给孩子的不是孩子需要的，孩子需要的教师却没能让他学，我们需努力使"教"与"学"统一起来，让幼儿在体育活动中根据自己对于周围环境的认识和理解，主动学习与探索。为幼儿提供适合不同个体的活动内容，使幼儿都能获得表现自己能力的机会。

幼儿身体和心理存在个体差异，有计划、有目的地进行分层指导；在活动中则全面、细致地观察幼儿的活动情况，尊重捕捉幼儿自发生成的东西。

让幼儿在分散活动中，获得自由、自主的锻炼机会。

在自愿、自由的气氛中，在宽松但非放任的指导中激发幼儿活动兴趣、调控活动量等。对教师提出了更高的要求：要具有良好的分配能力，要有驾驭语言的能力，对孩子的指导不强行介入。提供探索活动的机会，尝试及运用自身已有的经验不断地寻求活动方式。在体育活动中，应充分给幼儿探索提供机会，做孩子活动的支持者和引导者。

（二）体育活动场地建设的要求

1.合理设置区域。在开展户外体育区域活动前，教师要对活动场地做全面规划：准备开设哪些活动区，需多大空间，对周围环境有怎样的要求等。

在规划活动场地时，要考虑各区域活动的性质和要求。我们将投掷区设置在场地边缘，以此控制投掷方向，保持安全距离。

在设置区域活动内容及场地时，教师需注意以下问题：

（1）区域数量及区域空间的设置需根据活动场地大小灵活安排。

（2）应考虑各区域活动内容和性质的合理搭配，既要有运动量较大的活动区，也要有运动量小的活动区。

（3）各区域应具有明显的标志和确定的活动范围，便于幼儿选择区域。

2.有效投放材料。

提供丰富、有趣的材料，为各个区域的活动提供了丰富的材料，保证每个幼儿都有活动材料，让幼儿有自主选择的机会。器材的多种玩法促使幼儿充分发挥想象力，锻炼的同时促进幼儿创新思维的发展。

根据场地和材料的特点以情境化的游戏增加活动的趣味性。

提供层次性的材料，满足幼儿的需求。教师要根据运动的目标投放适宜的材料。因此，材料的投放应具有层次性，满足不同能力幼儿的需求。

不断变换和调整材料，任何材料若投放后长期不变，就会使幼儿的兴趣慢慢消退。因此，我们要根据幼儿的兴趣和需要随时变换和调整材料。

3.利用环境引导幼儿有序活动。我们合理利用环境中的标志物和音乐的暗示作用，保障活动的有序进行。

每个区域均有文字或形象标志，引导幼儿根据标志选择区域。教师会根据活动内容的要求和材料的数量限定参加该区域活动的人数。当人数达到限额时，区域标志旁插上一面红旗，提示"人数已满，请另选区域参加活动"，引导幼儿自动调整。

（三）因地制宜地建设体育活动场地

1.从大处着眼规划，关注区域的合理性

在开展区域性体育活动前，需要根据幼儿园的实际情况，对全园的活动场地进行全面规划：什么地方适宜设置哪些区域，需要多大的空间，周围的环境设施怎样利用等。我们充分挖掘本园的环境资源特点，因地制宜，合理布局，将周围环境和运动区进行有效结合。

2.外部标志性环境，关注活动的安全性

区域性体育活动具有愉悦性、开放性的特点。这种活动更需要将安全原则贯穿始终。场地的安全、材料的安全、游戏的安全、幼儿的安全都是成功开展活动的先决条件。我们将这些安全因素融入场景设置中，外部标志性环境让幼儿了解各运动区域的场地、材料及活动的注意事项，为幼儿充分的运动做好周密的铺垫。

3.内部支架性环境，关注幼儿的个体性

（1）蜻蜓点水式

首先，教师要根据各区的活动特点，像"蜻蜓点水"一样提供种类多样、数量充足的材料，从而满足幼儿自由选择、自主运动的需要。

（2）推波助澜式

兴趣是最好的老师，对于以形象思维占主导的幼儿而言，富有童趣的环境，活动材料的拟人化、形象化、色彩化，能起到推波助澜的作用。

（3）雪中送炭式

幼儿在运动能力和认知经验上存在着个体差异。教师应将运动目标分解成不同层次，并配有不同层次的材料，雪中送炭似的促使每个幼儿在原有基础上得到发展。

三、幼儿园球类活动场的建设

（一）球类活动区建设总述

户外球类区域活动，是根据幼儿园内可利用的运动环境资源，创设篮球、足球、保龄球、曲棍球、手球、魔术球六种球类区域，配置相应的辅助材料，让幼儿按照自己的意愿进行个体的或者结伴的活动，可选择不同球类、不同玩球方法的球类活动形式。它是一种以多样性、分散性、开放性为特点的体育活动形式。

从目前大多数幼儿园开展区域活动的状况来看，专门利用球类来开展区域活动的比较少。作为幼儿园球类活动课程中的一个重要组成部分，有目的、有计划、有步骤地实施户外球类区域活动，可以促使幼儿提高球类运动技能和身体素质，获得对球类运动的认知等综合能力的同步发展。

开展户外球类区域活动的意义体现在：

通过开发和利用幼儿园各项资源，丰富和拓展活动课程内容，探索出一种具有园本特色的体育课程活动形式。

通过实施户外球类区域活动，提高幼儿玩球的能力，丰富幼儿对各种球的认知，促进幼儿身心健康发展。

提升教师设计与组织指导户外球类区域活动的能力。

（二）户外球类区域活动目标和实施内容

1.制定适合不同年龄段幼儿的球类区域活动目标

（1）小班

上学期，能在教师的带领下尝试各种球类简单的不同玩法，掌握相应球类的基本技能；下学期，能在教师的指导下分区域轮换进行活动，能自由选择及取放材料，并在教师的指导下学会相互合作。

（2）中班

喜欢参与球类区域活动，并且能遵守不同区域的规则，开始与同伴一起进行合作性的球类活动。

（3）大班

能按要求进入不同球类区域运动，能主动遵守球类区域运动规则，能主动地与同伴一起进行合作性的球类运动，并积极尝试各种玩法，在探索尝试中体验成功和失败的不同感受。

2.幼儿园户外球类活动区域的划分和器材配置

（1）篮球区

即以篮球场为主要活动场地，辅以正门口一片空地，可同时容纳35名幼儿在区内活动。篮球区具体分为比赛区、投篮区、运球区、拍球区、花样玩球区五大区域，而中班只有投篮区、花样玩球区和运球区（到下学期增加）。

（2）足球区

即以足球场为主要活动场地，辅以足球场以东一片空地来开展球类区域活动。足球区依据不同年龄的幼儿设置了不同的小区域，如大班的竞赛区、踢球击瓶区、网球区等，而中、小班则因年龄的关系没有竞赛区，但设置了花样玩球区，让幼儿根据自己的意愿选择不同的辅助材料进行活动。

（3）保龄球区

即以风雨操场的南面为主要活动场地。小班和中班均设置三个小区域，如滚球击物区、保龄球赛道区、两人滚球进门击瓶区。大班设置了给小动物喂食、滚球击瓶、滚球过山洞三个小区域。

（4）曲棍球区

即以游泳池为主要活动场地，配以可乐瓶、纸盒等辅助材料。中、大班同样设置三个幼儿园球类活动理论及设计集锦小区域，如击球打怪兽区、竞赛区、运球击瓶区。

（5）手球区

即以风雨操场的北面为主要活动场地。小班有图片区、盒子区、击靶区。中、大班均设置四个小区域，如盖房子区、竞赛区、看谁投得准区、击靶区。

（6）魔术球区

即以沙池内及附近一片区域为主要活动场地。中、大班均设置三个小区域，如投魔术球区、自抛自接区、互抛互接区。

（三）球类活动区材料的投放

1.注重材料投放的目的性。

在每一次组织活动时，我们都有一个明确的目标，这样一方面是保证教师根据预定的要求来组织活动，使幼儿在活动中得到基本动作的发展，另一方面便于对活动的总结、完善，并根据目标的完成程度进行分析评价。在材料的投放过程中，我们注意两点：

（1）一个目标可以通过多种材料共同实现；

（2）一种材料同时为多项目标服务。

2.材料投放的层次性

区域体育活动打破了年龄和班级的界限，形成了混龄运动形式，教师在投放材料时，要考虑幼儿间的差异，估计同一活动内容、材料对不同年龄、水平的多层次发展的作用，将活动的要求细化，满足不同层次幼儿的需要。

3.材料投放的渐进性

在幼儿活动材料的投放时，我还考虑到幼儿动作发展规律，由易到难、由浅入深投入材料，使孩子在与不断变化的材料互相作用中循序渐进地得到发展。如活动"走走拍拍"，我们是这样循序渐进，达到我们训练幼儿拍球技能、发展幼儿平衡能力的目标，投放材料时我们先提供皮球，然后提供各色体操圈让幼儿向指定地点边走边拍，同时提供平衡台让幼儿练习，最后将平衡台排成一排，幼儿在平衡台上边走边拍。

四、"车区"场地的创设和利用

（一）车区的创设

1.巧用园所自然环境

我园拥有非常优越的自然环境资源，两座环形的教学楼之间就是车区主要活动场地。这里有平整宽敞的环绕花坛地带，有蜿蜒曲折的花丛小路，有多处高低起伏的斜坡。各种不同的地形，非常有利于玩车活动的开展。我们不仅利用花坛周围的环境，而且教学楼穿堂大厅和邻近的地带也纳入了车区范围。为了连接车区主要活动场地与外围的环境，幼儿园木工协助我们利用夹板制作两个可以移动的大斜坡，教学楼另一面的自然斜坡也用上了，这样就进一步扩大了活动场地。行车的路线不但可以绕圈，还可以上下斜坡和拐弯，增加了起伏变化，保证了活动的充足空间，提高了活动的趣味性和技巧性。

2.巧用规则图示指引

活动场地扩大了，活动进行时，安全是最重要的。为了让幼儿树立规则意识，遵循游戏要求，以保证活动的安全性，我们设置了相应的规则图示。例如，以线条为标志的人行道，拐弯减速路线指示牌，交通围栏拦起的收费处，不同车类器械的停放示意牌等，并在游戏前让幼儿反复认识这些交通标志。由于图示明确，幼儿逐步熟悉并自觉遵守规则，整个车区的活动井然有序。

3.积极利用家长资源

开展车区游戏活动，目标之一就是要达到《纲要》所指出的"知道必要的安全常识，学习保护自己"。结合车区游戏的性质，我们特请来大三班交警家长来园"指挥交通"。只见身着警服的家长，一举手一投足，是那么潇洒和规范，在他各种手势的指挥下，孩子们一会儿停，一会儿向前冲，一会儿向左，一会儿向右，无论是骑车的，还是要走人行道过马路的，都严格遵守交通规则。家长的参与，增加了游戏的逼真性和趣味性，让孩子们学习了交通安全知识，避免了骑车碰撞等"交通事故"，提高了游戏活动的效率。在家园合作中，也让我们认识了交警这个行业的性质与特点，更加体谅交警的辛劳，懂得尊重他们的劳动。

4.大力开发家庭体育器械

利用幼儿园仅有的踏板车和滑板车等开展车区活动，资源是远远不够的。为了丰富车区的器械材料，我们大力开发家庭运动器械，如小自行车、滑板车、手推车等都是幼儿从家里带来的。车的类型和数量多了，幼儿选择与尝试的机会也多了，游戏的创造元素丰富了，更加有利于幼儿进行不同车类的技能学习和运动中的创新。

（二）车区活动策划

1.生活体验游戏

让幼儿在游戏中模仿大街上的车辆与行人，体验他们是如何遵守交通规则的。在交通繁忙的时段，交通要道往往由交警指挥调度，所以，我们特意邀请了警察家长来"指挥交通"，慢慢地，由他来训练他的儿子及其他的小朋友，来替代他扮演交警，游戏一样精彩。发生了"交通事故"，我们的小交警还会第一时间跑到现场进行处理，其实是在学习疏导及帮助他人，体现了乐于助人的精神。在过收费站时，车辆得排队通过，适当的等待也培养了幼儿的坚持性和自觉遵守规则的意识。

2.混龄合作游戏

小自行车是大中班小朋友基本上都会玩的器械，所以我们开展了跨班混龄的车区活动，即大中班的幼儿一起参加游戏。在游戏中，我们鼓励幼儿互相关心，引导大班的幼儿以大带小帮助有需要的中班小朋友。在过马路的时候，大班的小朋友推着坐在小推车里的中班的小朋友，有弟弟妹妹不敢玩滑板的，就坐在滑板上，大哥哥推着滑。这样的情景时常见到，十分感人和有趣。

3.竞赛情境游戏

在车区开展竞赛游戏，可以培养幼儿积极向上、勇于取胜的信念，同时也能教育幼儿正确面对失败和挫折。我们创设了竞赛场，提供了辅助材料——幼儿可以自由连接拼摆道路的七彩球。游戏开始时，在教师的指导下，大家一起来构建四条跑道，跑道上有箭头图示指引开展游戏，其中两条跑道供玩踏板车的幼儿鱼贯而行地玩，在此过程中，速度慢的可以靠边让速度快的先超过，再现生活也体现礼让。另两条跑道则供玩滑板车的幼儿比赛，由教师充当裁判用小旗指挥游戏，每次两人一组进行比赛，获胜者每次可得到一枚贴纸，最后看谁得的贴纸多。孩子们都积极参与游戏，体验了成功和胜利的喜悦。在滑板专区，我们发现大厅里的大柱子空间位置不很规则，起到了障碍物的作用，能增加游戏的难度，锻炼幼儿灵活躲闪的能力。但在竞赛中，幼儿在其中穿梭滑行，容易碰撞在一起。我们及时增加了往返路线图示，避免了伤害事故的发生。在这个区域中，我们还适时地提高游戏难度，如增设较狭窄的道路、低矮的拱门，让幼儿玩起来更富挑战性，培养幼儿勇于战胜困难的精神。

4.添加游戏情境

车辆在反复使用中，都出现了不同程度的损坏，有的铃铛掉了，有的链子松了，有的踏板坏了，还有的螺丝不见了、轮胎撒气了等。孩子们会第一时间跑向老师，向老师求助。开始时，还可以让幼儿换一种车接着活动，但坏的车多了就会影响整个区域游戏的连续开展。根据"市场需求"，一个崭新的"维修处"就诞生了。我们特别邀请了幼儿园勤杂工小李师傅加入我们的游戏中，由他来负责维修工作。添加的这个维修处，能及时帮助有需要的幼儿，使他们很快又加入游戏中，还让幼儿学会了礼貌与尊重，锻炼了交往能力。他们会礼貌地对维修处的叔叔说："叔叔，请你帮我……"维修完毕，有的幼儿还做假装掏钱的动作呢，因为孩子知道车修好了得付钱，游戏也是来源于生活的。

（三）车区保育工作

在运动过程中，幼儿往往会大量出汗，不及时喝水容易造成虚脱，不及时擦汗容易着凉感冒。这就需要教师多观察，及时提醒、督促幼儿喝水、擦汗，落实好保育措施。为此，在平时的户外活动和区域运动时，我们都会准备足够的饮用水，提供红、绿、蓝三种颜色的筐子，分别盛装使用过的汗巾、干净的汗巾和脱下的衣服，小朋友已养成习惯，都能及时地对号使用。

为了帮助幼儿做到劳逸结合，我们创设了休息区，小朋友玩累了或出汗了，可以到那里擦汗或及时换下汗湿的衣服，体弱幼儿也可以适时休息。设立了洗车区和加油站，一方面反映了现实生活，满足了幼儿爱模仿的需要，培养了幼儿的劳动意识；另一方面也有利于幼儿运动中的动静交替，对活动量也是很好地控制。

车区的活动开始是由两个大班和一个中班混合进行，但很快在全园铺开。因为我们的户外活动场地划分为五大区域，各大区域都可以大范围地跨区交换活动。每周开展的户外区域体育活动，就是孩子们最开心的时候，也最需要教师的细心观察与指导，我们不仅牢记着保护幼儿安全的责任，还肩负着科学指导幼儿开展游戏的重任。

五、操场的建设

（一）操场的设计原则

原则一：幼儿园操场设计首先要保证孩子的安全，其次才是特色。规划之初就要确定使环保材料。

原则二：室外游戏设施主要以滑梯、秋千为主，增加趣味性的同时也强化幼儿的协调能力。为了保证绝对安全，游戏设施必须保证稳定性，专人安装，没有棱角，避免隐患。空间划分要有趣味，让孩子在户外锻炼的同时也可以进行更好地交流，更多幼儿园设计问题可以咨询领创设计。

幼儿园操场场地管理——底层：聚氨酯混合料加黑胶粒。塑胶篮球场边缘应加保护，不得任意剥动，如发现损坏应及时修补。

（二）操场的设计内容

1.半圆式田径场

标准半圆式400米田径场的跑道是由两个180°的半圆（弯道）和两个直段组成。现将半圆式田径场地有关名词说明如下：

（1）总轴线

此线也称中线，它把场地等分为东西两部分，在绘图和修建场地时必须以这条线为基线。

（2）圆心

圆心在纵轴线上。南北两端的弯道各有一个圆心，它是弯道内、外突沿和各条分道的圆心。

（3）内突沿、外突沿

内突沿与外突沿是跑道的内边与外边。田径规则规定内、外突沿的宽度均为5厘米，它们的宽度都不计入跑道的宽度之内。

（4）直、曲段分界线

直、曲段分界线把跑道的直段与曲段（弯道）分开，这两条线与场地的纵轴线垂直，相交于圆心。通常把终点线处的直、曲段分界线叫作第一直曲段分界线，或称第一分界线；其余的直、曲段分界线，按逆时针方向排列，依次为第二、第三和第四直曲段分界线。这四条分界线作为测量跑道的基准线，应在跑道上用明显的标记标出它们的位置。通常把第一直曲段分界线前面的弯道叫作第一弯道，第三直曲段分界线前面的弯道叫第二弯道。

（5）直段、直道

直段是第一、第二弯道之间的跑道，直道是直段和直段两端延长部分的总称。

（6）跑道宽、分道宽

跑道宽是指内突沿与外突沿之间的宽度，也称跑道总宽。分道宽是指各条分道的宽度。

（7）分道线

分道线宽5厘米，分别把跑道分为各条分道。分道线计算在内侧跑道的宽度之内，例如第一、二道的分道线包括在第一分道宽度内。

（8）计算线

计算线只供计算跑道周长之用故称计算线。画场地时不需画出计算线。田径竞赛规则规定，第一条分道的计算线距跑道内突沿的外沿0.30米，第二至第八道的计算线距内侧分道线外沿0.20米。由于赛跑时运动员一般在这条未画出的线上跑，所以计算线也称实跑线。

2.修建半圆式田径场应注意的问题

（1）关于田径场的位置

不论建学校田径场还是公共体育场都有与其他建筑物配合的问题，从整个布局考虑建田径场应注意以下几点：

①地址要便于排水和供水。

②地点要适中，交通方便，便于人们使用和观看比赛。

③整体美观，地势开阔，空气新鲜，阳光充足，周围有足够的余地。

④主、副场安排合理，即准备活动场地离比赛地点近。

⑤能合理安排各类竞赛项目用地，避免使用时发生冲突。

（2）关于确定田径场的方向

用中线的方向来代表田径场的方向，田径项目的所有运动方向同中线的方向应是一致的，和中线的方向基本是平行的。原则上应以南北方向为好，因为运动一般多在早晨、上午、下午进行，以避免光线刺眼。如不设看台的场地，可在两侧种植高大的树木，这样可在上下午起到遮阴的作用，如果条件允许田径场最好设南北向。

确定方向的出发点：

①设计上很大程度上是从经济上考虑。可根据地形因地制宜，以减少开支。国外这种利用较多。

②适当地注意当地的气候，有必要时可适当掉转方向；考虑该地区是否经常出现超风速的可能（2米/秒）。

（3）关于跑道的宽度

跑道宽度一般应设8~10条。至少应有6条。标准宽度1.22~1.25米。

（4）直段长和弯道长的比例

弯道比直段长，大约是3：2的比例。在条件可能的情况下要维持这个比例。不具备时，应尽量把弯道的半径扩大。

（5）关于跑道倾斜度的设计

一般设计时不超过8/1000，留出2/1000的余量，因为施工是不能保证100/100，允许有误差。弯道弧的倾斜度，弧顶如果是8/1000，直弯道交界处最多不能超过5/1000，在弧顶的离心力尽量不超过11千克，尽可能使坡度产生的离心力接近这个值。

（6）球场地面坡度的设计

它既是足球场的地面又是田径比赛中跳跃和投掷项目的比赛用地。整个足球场在中心处应向四周倾斜（以利排水），坡度设计应是5/1000~7/1000，一直倾斜到跑道内突沿的内沿。根据这一现象，田赛项目就会增加麻烦，标枪会由外向里投，整个助跑道成上坡，跳高助跑也会由外向里成上坡。如果助跑道延伸至弯道还会形成先跑下坡，然后跑上坡，影响比赛效果。补救办法：应在足球场端线后面的部分采取突然向地面倾斜1/1000，使地面出现凹线型。这种办法是有矛盾的，一是助跑道上坡，二是投掷器械落点高，不在一个水平面上，最好的办法是田径场和足球场分建。

（三）操场塑料草坪的用处

随着经济的快速发展，城市化进程的加快，家庭的规模越来越小，一家基本只有一两个孩子，对于孩子的学习家长是越来越重视了，很多家长就为了给孩子选择一家好一点的幼儿园，买学区房，找朋友托关系等，总之是使出浑身解数也要给孩子找一个好的学校，对于幼儿园家长普遍的要求就是它的基础设施要够好，选用的产品对于孩子最好是没有任何危害的，所以很多的幼儿园都选择更换自己的老设备，选择更加环保的新设备了，幼儿园人造草坪就是其中最重要的基础设施之一。小孩子都是活泼好动的，幼儿园人造草坪肯定是他们最常出现的地点之一了，所以为了保护好孩子，对于幼儿园人造草坪的选择有这些需要注意。

幼儿园是孩子除了家之外，最初开始接触到的地方，是孩子们开始自己人生，开始真正接触知识的地方，幼儿园就是孩子打开通往外面的世界的第一扇窗户，而且幼儿园的孩子普遍都是幼儿，年龄幼小，身体机能、协调性以及抵抗能力相对于成人来说，普遍都要差很多，所以为了更好地保护这些孩子，给他们创造一个好的学习生活环境，幼儿园在进行基础设施建设时一定要加倍谨慎小心，选择对于孩子来说危害性最小或者是没有危害的产品，不要最贵只要最好的，幼儿园人造草坪是孩子们活动最频繁的场地之一，对于人造草坪的选择有什么要注意的呢？

第一，人造草坪所需的材质要无毒

人造草坪是幼儿园中孩子的主要活动场地，基本上孩子是天天和它接触的，为了孩子的健康着想，在选择人造草坪时一定要谨慎，选择那些材质无害，无毒环保的。最好还有减震，防噪声的效果，同时要注意人造草坪的弹性，尽量选择弹性好的人造草坪，幼儿因为还处于身体各方面能力的最初时期，身体的协调性、平衡性都不够好，很容易跌跤，所以富有弹性的人造草坪能够在孩子跌跤的时候，减少对于孩子的伤害。

第二，要耐用和环保

幼儿园人造草坪肯定铺设在幼儿园里，小孩都是活泼好动的，他们肯定会经常在草坪上玩耍，这就要求这个人造草坪必须能耐用，否则短时间就要更换草坪，这对于幼儿园来说就很是麻烦，而且因为孩子经常在上面玩耍，所以肯定是很脏的。幼儿园是要定期清洗这些人造草坪的，为了使清洗工作简单，轻便些，所选择的人造草坪最好要易清洗的，维护起来简单，养护的费用不能太贵。总之就要经济适用型的，但同时幼儿园人造草坪要环保。

总之，鉴于幼儿园里的学生的年龄普遍比较小，无论身体上的，还是心理上的各种能力还处于最初的发展时期，更需要保护，所以在幼儿园的基础设施建设中，尤其是幼儿园人造草坪的选择上一定要慎重，要对孩子负责。

（四）操场地面材料的选择

1.人造草坪

国内最早于20世纪80年代末引进人造草坪，直到90年代中后期才得到大面积的推广。

优点：外观鲜艳、排水性能好、使用寿命长、价格相对便宜、维护费用低、保护儿童安全。

缺点：

（1）在高温、强日照条件下会分解并释放出氯气，损害空气质量。

（2）机动车辆及重物不能进入。

（3）阳光照射后出现明显褪色。

2.塑胶地坪

80年代初开始进入中国市场；至今在国内的大中城市已经得到普遍的认可，使用非常广泛！以聚氯乙烯及其共聚树脂为主要原料，加入填料、增塑剂、稳定剂、着色剂等辅料，在片状连续基材上，经涂敷工艺或经压延、挤出或挤压工艺生产而成。

优点：耐磨防水防滑、防火性能好、安全环保、高弹性、花色品种繁多、保暖性好、使用寿命长。

缺点：

机动车辆及重物不能进入。

阳光照射后出现明显褪色。

施工基础要求高、怕利器划伤、可修复性差。

价格较贵。

3.悬浮式拼装地板

1974年起源于美国。

优点：

无毒、无味、防水耐湿、不寄生细菌、绿色环保；

耐磨舒适不反光。

安装快捷，维护简单。

弹性好，吸震能力强，保护儿童安全。

抗紫外线辐射、抗氧化、抗寒等原料的改性聚丙烯，使该产品具有耐压、耐冲击、耐高低温、使用寿命长等优点。

室内外都可以使用。

可以过车、停车，不怕重物碾压。

具有良好的移动性能，可多次拆卸拼装使用，能很好地满足承办大型高档次比赛的要求。

使用寿命长、颜色鲜艳靓丽、掉色慢。

排水性能好。

（五）操场建设的安全性

建设幼儿园塑胶操场，一般来说，安全性是极其重要的。因为一般幼儿园的小朋友年纪小，安全意识相对较为薄弱，并且在游戏疯闹的时候容易发生意外。所以在选用幼儿园操场地坪系统的时候，一定要选用质量和安全性能非常好的塑胶跑道和塑胶球场地坪体系。

幼儿园的小孩子身体正处于生长发育期，各方面发育还不太成熟，关节等地方比较柔弱。所以必须采用保护性能很好的地坪系统。针对这种情况，可以选用塑胶跑道地坪，其采用独特双层结构，具有很好的减震和回弹性，可以让人迅速起跳，更可以很好地缓冲地面对于人的冲击力，当小孩子不慎摔倒时，可以很好地保护他们稚嫩的身体。在环保上面，其材料用水做固化剂，不含苯类等有毒化合物，不残留任何有毒成分，非常环保，完全符合国家对此类产品的质量要求，非常适合用作幼儿园的塑胶操场。

另外，其采用最先进的EPDM彩色颗粒，能做成多种可爱的图案，可以根据幼儿园整体的设计风格设计，很适合幼儿园的整体装扮。幼儿园操场安全问题层出不穷，我们来看看国外是怎样保证操场安全的。

1.日本

（1）学校出于健康考虑幼儿园也用特制沙

日本学校的操场概念和中国类似，都是运动与玩耍相结合的地方。不过，虽然日本被不少国家视为重视教育的典范，可是日本学校在体育设施上的投入并不算多。相比之下，似乎有些"简陋"。

这种所谓的"简陋"，首先是因为日本学校的操场面积一般都很小；其次，日本学校通常不会使用塑胶跑道，而是选择沙土。沙土跑道看起来光秃秃，"颜值"比较低。但事实上，日本学校选择沙土跑道有着自身的考量。除了经费问题，因为塑胶跑道的修建和维护成本往往不低，还有就是考虑到学生健康。塑胶跑道虽然先进，但毕竟是化学原料制成，难保不会对身体有害，尤其是对年幼的学生。

此外，从体育教育的初衷出发，日本学校认为塑胶跑道的自由度不高，因为孩子的天性是贴近大自然，而塑胶跑道显然和大自然有一定的距离，不利于孩子们发挥天性。而从专业体育的角度来说，塑胶跑道是专业比赛的场地，并不一定适合学生们进行活动。因为塑胶跑道的弹性好，而要掌握这样的弹性需要专业训练，否则长时间不正确运动很有可能会造成损伤。

除了日本学校的跑道采用沙土，当地幼儿园操场也基本上都是沙土。这些特制的沙土松软而富有弹性，并非那种工业用沙。此外，日本幼儿园还会定期更换这些沙。这么做，主要是因为沙地对奔跑的孩子们可以起到缓冲作用。此外，孩子们还可以在这样的环境中激发出创造力，利用沙土堆出各种各样的东西。

日本幼儿园并不觉得这样会弄脏孩子，因为活动时间过后，幼儿园会教育大家养成好的生活习惯，包括洗手、换衣服等。而孩子通常都会有可更换的衣服在幼儿园，虽然不是很方便，但既要保证孩子的天性，同时又要保持干净，只能在这样的细节上略微烦琐一些。

（2）土地紧张棒球场当操场用使用塑胶色彩都有要求

在日本留学的人说，如果你经常看日本电影、电视剧，其中出现的学校室外场景大多都是自然景象。

对于没有采用类似橡胶、塑胶的场地，日本问题专家、亚洲通讯社社长徐静波告诉我们，这并不是因为学校缺少资金，而是充分考虑到学生的运动习惯。"在日本中小学，学生们最经常进行的体育运动就是棒球。而由于土地资源吃紧，很多学校不可能是操场和棒球场共存，因此基本上把棒球场当作操场使用，所以一般日本的操场都是水泥或者沙土的。"

而日本学校在建造时也会建造室内体育馆，篮球等体育活动往往会在室内进行，这些体育馆都是统一标准的木质地板。

在日本，不管学生的人数多少，只要建一座学校就都有最基本的配置要求。"就算是学校在山区，学生只有十多个，还是要建造操场、游泳池、图书馆这样的建筑，为此，国家和地方政府会出两份的钱来建造学校，国家出资60%左右、地方政府出资40%。"

在日本也有规模比较大的学校会选择塑胶场地的操场，不过，"日本政府对于它的材质、厚度、色彩等很多方面都存在很严格的要求，并且在施工完成后，政府会派专人对操场进行验收检查"。

2.美澳

（1）操场为孩子玩耍场所，曾因致伤列检查清单

美国的操场并不是运动场，从其英文"playground"就能看出区别：其一般是指孩子能"play"的地方。所以，操场在美国担任竞技的"职责"很低，更多的是让孩子可以释放天性，自由地玩耍。

早在1887年，美国就有了第一个操场，当时人们开始意识到游戏和玩耍对孩子们而言，其重要性和作业不相上下。随着美国社会发展，操场也在不断进化，除了最开始的互动玩耍功能之外，操场还担负起了提供审美培养、精神慰藉和激发创意的责任。但美国操场也不是一直很安全。早在20世纪80年代，接连有孩子在操场上受伤，这让很多人对操场的安全产生了疑问，与此同时，许多在操场受伤的孩子父母对操场施工方提起了诉讼。

作为回应，操场相关行业开始遵从美国消费品安全委会制定的安全标准。美国消费品安全委会第327号文件《公共操场安全检查清单》的开头这样写道："你的公共操场是一个安全游戏场所吗？每年美国有20多万孩子因为有关操场设施受伤而被送往医院急诊室。使用这份简单的检查清单可以帮助当地的社区或学校操场成为一个安全的游戏场所。"

而现在，在美国的很多州，都已经针对操场设计、施工和维护通过了专门的法律，来保障操场的安全与健康。

（2）运动场配置舍得花钱，出问题可能身败名裂

美国的操场和运动场通常是分开的。美国人对体育运动很重视，运动场地因此多是按照功能区分。比如，橄榄球是美国最受欢迎的运动，所以很多美国学校里面都有橄榄球场。美国学校一般还会有专门的棒球场、篮球场、田径场，孩子们可以根据自己的兴趣爱好选择。

"很多美国学校，特别是高校，很多篮球场地都是水泥地。当然，一般学校会花大笔资金在运动馆的建设当中，配备室内运动场并采用木板。"美国人罗宾告诉我们，当地学校也会有塑胶球场以及塑胶跑道，不过，最重要的还是生产、监管问题。

他表示："如果美国发生问题操场事件，学校、厂家会因此被起诉。"

3.应该防操场含哪些有害物质？

哈佛大学公共卫生学院的巴里·布鲁姆教授接受采访时表示，有毒有害的跑道会对孩子发育、身体健康造成很大的影响。例如苯超标，包括甲苯二甲苯等，一旦超标或者长期吸入，会出现头晕、胸闷、呼吸困难、流鼻血等很多症状，长期的话甚至会导致白血病。

此外，跑道中的超量铅会通过粉尘或者空气被吸入人体内，导致人铅中毒。铅中毒也会导致头晕、贫血、流鼻血的症状，最终可能影响到孩子的智力以及生殖系统的伤害。严重情况下更会导致心脏衰竭。

不过，对于国内不少孩子出现的流鼻血症状，巴里·布鲁姆教授说："不管是苯超标还是铅超标，都可能会导致类似的事件，最终结果还是需要等到体检结果以及塑胶场地材料的检测结果出来之后，才能最终得出结论。"

（六）玩耍的场地

现有操场比较传统和拘谨，孩子们在此可做的游戏有限，且不利于孩童的智力发育，此次建设旨在突破这一局限，创造一个全新的更适合孩子们玩耍的游乐场地。

在大多数人的印象里，学校操场应该怎样设计，才能博得孩子们的喜爱。"玩耍的场地"这一方案的提出是为了建设一个全新的幼儿园操场。现有操场比较传统和拘谨，孩子们在此可做的游戏有限，且不利于孩童的智力发育，此次建设旨在突破这一局限，创造一个全新的更适合孩子们玩耍的游乐场地。

新操场应充分挖掘孩子们的感知和探索的天性，并能够发展孩子们的社交能力。这一设计提供了宽泛，有弹性的游戏概念，同时能够承担一大部分户外活动。1.2米高的木质隔板组成的"螺旋空间"分布于场地中，为使用者提供了一定的私密性。这些"螺旋"是仿照蜗牛壳形状设计的。分区设计为孩子创造自己的游乐天地，同时又方便老师看到里面的情况从而确保活动的安全性。场地中的另一重要元素便是贯穿于其中的蜿蜒的自行车道，为孩子们提供趣味性的骑行体验。

绿色的橡胶地板，是模拟的真实在草坪上踢球的感觉，可以提高孩子们整体的环境适应度。周围森林和灌木投射出的阴影区突出了不同性质的纹理，有随风轻摆的"爱丽丝"，还有"大象的耳朵"等形象。巨大的叶子很容易超越孩子们的高度，这也就增强了孩子们的探索欲望，并且是一个非常不错的体验。该游乐场的设计激发了孩子们探索的天性并提升其社交技能，对孩子未来的发展至关重要。

第四节　幼儿园室外景观活动区的场地建设

一、室外活动墙面的设计

（一）墙面布置应具有教育的功能性

大多数幼儿园不是根据各年龄班幼儿的年龄特征与教育的内容需要来考虑，进行科学地有目的地选择布置，而是本着装饰、美化的需要，根据墙壁的宽窄，自己的兴趣以及手头现有的材料来确定。室内室外的墙壁上，尽管五彩缤纷，但是，大部分内容却流于形式，只具有外在的观赏价值，缺乏墙饰所具有的教育性。

（二）墙面布置应具有艺术性

墙面布置是幼儿获得艺术经验的有力手段和方法，必须精心布置和以美学观点来挑选和组织墙面，并能针对幼儿年龄特点，使其具有鲜明性、生动性、感受性和多变性。对于每一个教育主题的环境布置，我们除了用它丰富的主题内容来教育幼儿外，也努力营造出具有造型美，色彩美，艺术美和富有童趣的美的氛围来感染幼儿。

（三）墙面布置应具有潜在性

教师环境的墙面布置还应激发幼儿发问、思考的欲望，把提出问题、解决问题的过程蕴含在画面之中，使墙面布置形成一种"潜在学习的气氛"，使孩子们百看不厌，而且能不断产生观念和问题，充分发挥艺术作品的"暗示"作用。幼儿对于通过操作能够产生变化的处于"半完成"状态的墙饰更感兴趣。所以教师要给幼儿创作留有余地。如幼儿一起创作"春天"时，开学初可只布置几个小朋友和一棵光秃秃的大树，随天气转暖，逐渐增添内容。先观察小草、柳树发芽，让幼儿动手绘制嫩绿的小草、柳枝，剪贴上墙；然后引导幼儿观察小草、柳叶变化，颜色怎样从嫩绿变翠绿，继续绘画、剪贴；再引导幼儿观察花蕾、花朵，动手绘画或剪贴花儿，丰富完善画面。这幅墙饰是幼儿通过各种感观去观察春天，逐步学习认识春天的过程。在整个过程中，幼儿一直保持积极的状态。

（四）墙面布置应具有参与创作性

幼儿在布置墙饰的过程中能自然而然地提高动手能力、想象力、创造力、合作能力等多方面的能力。如大班布置"春天到了"的墙饰，教师先画好背景，能力弱的幼儿可撕贴柳树、桃花，或用纸团蘸色添画草地，或用棉签画上小蝌蚪。而能力强的幼儿则可制作立体的花，还可以制作立体的房子，出来活动的小动物、风筝等。幼儿对自己的布置的环境也有一种特殊的钟爱和亲切感，这样会激发幼儿更充分地与环境相互作用。总之，墙饰布置应要求人人参与，让每个孩子的聪明才智都能充分发挥出来。在幼儿参与布置的过程中，应该充分发挥他们的主体作用。

（五）墙面布置应具有多变性

幼儿园的环境不是固定不变的，而需要定期评估和修改。应根据不同的季节特征及结合幼儿园课程进展不断更新环境布置，让环境发挥最大的作用。一个班的老师要装饰一面较大的墙壁，往往需花上三四天甚至更长的时间，手工制作也要用掉大量的吹塑纸、各色彩纸等，所以给人造成了墙面装饰费时、费力、费钱的印象。幼儿园的墙饰是静态的，但是通过它对幼儿的教育却是一个动态过程，所以它不应是一成不变、一劳永逸的。教师应该根据墙饰中的可变因素，进行不断地修饰和调整，增加其活动性和多功能性，使其收到事半功倍的效果。

（六）墙面布置应具有情节连贯性

幼儿园在墙饰内容与形式的设置上，无论是小、中、大班，还是一堵墙面上，一个活动室内的数张画面，绝大多数都是孤立的、单独地表达一种意思，比较单调。可以根据幼儿的年龄与心理特点，设置一些有联系的情节性的内容。

（七）墙面布置应具有时代特征

教师的墙面布置要能反映教师的先进教育观念，在幼儿园里，幼儿活动室的墙壁上设置过多的传统画面。不仅使人感到陈旧，缺乏生气，也难以持久保持幼儿的兴趣。使孩子从小受到当代文明的熏陶。从小树立远大的理想。

（八）创设适宜幼儿游戏的墙面

1.美观性

我们通过了解小班幼儿的年龄特点、兴趣爱好和现有心理水平，发现教室的墙面环境若能营造一种美好、温馨、情境化的氛围，能激发幼儿的情绪，使幼儿喜欢与其中的人、事、物交往。因此在色彩上，首先应该给孩子以美的视觉享受。单纯，接近自然的色彩不仅能令孩子们产生丰富的想象，还能使他们产生共鸣，便于他们欣赏、借鉴、表现。另外，幼儿们还喜爱明快的色彩对比，从中他们可以感受到色彩变化的节奏和共振。

2.动态性

一个好的环境，它应该是一个活的环境。教室的墙面环境是静态的，但通过它对幼儿的教育却是一个动态的过程，它就像是一本立体的、多彩的、富有吸引力的无声教科书，是为幼儿提供信息的小天地。这里所说的动态性主要体现在两方面：第一，墙面创设的内容不是一成不变的。教师可以根据环境中的可变因素，对其进行不断地修饰和调整，从而增加它的活动性和多功能性，使幼儿在活动中与环境产生积极有效的互动。

空间的延续性体现在环境从墙面延伸到地面。在不同主题活动更替的过程中，我们通过微调不断地改变着墙面环境，之后更将环境从墙面延伸到了地面上，使整个大环境更具连贯性。秋天树叶掉落了，孩子们除了为草原上的草地贴树叶外，还给大树妈妈装上了漂亮的手掌树叶。圣诞节来了，孩子们在松树上为小松鼠采松果。在小汽车的主题背景下，将地图搬到了软垫上，于是，墙面、地面呈现一片繁忙的交通气象，汽车、火车、飞机、飞艇上满载着孩子们的笑声。

内容的连贯性。"小树叶飘呀飘""可爱的小动物""金鱼和蝌蚪""汽车来了"等主题本身并不具有连贯性，但是通过这面墙，他们却有机地被整合在了一起，让孩子们拥有了一个有趣、连贯的游戏情境。第二，动态化也表现在墙面环境生动、直观、真实地再现了师幼之间的有效互动。

3.整合性

认为墙面环境的整合性体现在两方面。一是布置形式上的整合，许多教师在进行墙面布置时习惯采用吹塑纸制作。这样，虽然设置内容丰富，但在色调与形式上往往显得单一、死板，缺乏多样性，容易给人一种千篇一律的感觉。因此在墙面布置的过程中应利用各种材料，采取多种形式进行构图，利用圣诞树营造圣诞气氛等。这样布置出来的墙面不仅内容丰富多样，形式活泼可爱，而且给人以新鲜感与真实感，给幼儿以美的享受，使幼儿的性格、情感得以陶冶。二是墙面布置与游戏内容的整合。这里的整合不是指墙面与游戏的结合，而是指当它们结合在一起后，所发挥的整合的教育功能。

4.层次性

孩子与孩子之间存在着个体差异性，尤其在小小班，孩子间的个体差异性非常显著。因此，为了满足不同层次孩子的需要，我们在创设环境时也考虑到了层次性的问题。如在贴落叶的游戏中，我们设计了两种贴落叶的方法，能力强的幼儿可以使用固体胶来粘贴树叶，能力弱的幼儿则使用雌雄搭扣粘贴树叶。

5.多功能性

（1）它美化了环境，是幼儿获得艺术经验的有力手段和方法。

（2）它与游戏整合在一起，是幼儿游戏的场所。

（3）它是孩子的作品展示墙。

二、种植区的场地建设

（一）种植区场地建设的重要性

1.是城市的环境特点决定的

从城市幼儿园看，由于受主客观因素的影响，购置各种玩具多，有计划地种植各种农作物却很少。当让幼儿认识农作物时，把充满生命力的玉米、小麦等的生长过程，用几张图片代替了。这不能不使教育教学受到一定的限制和影响。

2.有利于培养幼儿的优良品德

现在的入园儿童，大多数是独生子女。他们往往集全家成人的宠爱于一身，容易形成某些弱点。要帮助引导幼儿克服弱点，单纯靠课堂教育是不够的。而创设种植园地，则会给幼儿提供一个亲身感知、认识、实践的新鲜天地。

3.有利于开发儿童的智力

对农作物进行种管收的过程，就是幼儿观察事物、认识事物、扩展思维能力，从而获得知识的过程。如通过种植，不仅使幼儿了解到农作物的种子、幼苗的特征，而且了解到种植与季节、气候等的关系，学到了日常生活中难以接触到的知识。

（二）种植区场地的建设

1.环境的创设应关注幼儿的主体性发展

过去，由于对环境的真正教育价值的片面和模糊的理解，我们在环境的创造和利用中陷入了以下误解：考虑到教师自身的需求，考虑到内容和形式的环境创造，不论幼儿的兴趣和需求。追求复杂的雕刻，将墙面布局变成教师的艺术技巧展示场所；盲目模仿，复制，很少考虑是否符合园林和班级的实际情况；环境安排得很高，不考虑孩子的欣赏。它只能从顶部查看，许多材料在幼儿无法触及的地方。

我们探索了环境创造，逐渐意识到我们应该突出环境的隐藏价值，激发幼儿的探索潜力，将无生命的物质环境变成真正进入幼儿生活的"说话生活环境"。我们让孩子们主动创造和利用环境，让孩子真正成为环境的主人。为了更好地调动幼儿参与环境创造的积极性，教师广泛征求并认真听取儿童对环境创造的意见和看法，并与他们一起研究制订环境创造计划。在制订环境创造计划时，幼儿不可避免地会有许多不同的想法。教师应尊重每个孩子的意见，并帮助所有孩子统一意见并达成共识。事实上，儿童是否有权独立选择和使用材料，影响他们参与区域角落设置和墙面装饰，并影响儿童与环境材料之间的互动。

2.环境的创设应有利于幼儿表现自我

婴幼儿探究学习强调儿童的自我意识和自我表达。在研究中，我们发现儿童自我意识的形成和发展对探究性学习的积极性，探究兴趣的长期保持性和探究结果的收敛性具有重要影响。

为了有效促进幼儿的探究性学习，为幼儿创造了一个物质环境，积极主动地获取信息，自愿和热切地表达自己的意见，从而提高儿童的自主学习和沟通能力。如建立信息交流活动区，信息栏等，引导儿童交流和发布自己收集的各种信息，获取知识，提高与同龄人交往的能力。儿童自我表达能力的发展需要自信的支持。在幼儿园环境创造中，为幼儿提供各种开放式展示区和空间，并鼓励儿童向更多人展示和介绍他们自己的发现和创作。在每个人面前展示自己的技能，让孩子了解自己，表达自我，在竞争和挑战他人时挑战自我，获得积极的情绪体验。

3.环境的创设应促进幼儿的思考和探索

幼儿对事物的思考和探究是由问题引起的。这些问题是在儿童与环境之间的相互作用中形成的。它需要通过环境支持和帮助找到正确的答案。因此，有必要通过创造一个不断变化的环境来有效地诱导幼儿的探究行为。幼儿园种植区、繁殖区、科学发现室等都是可以为儿童提供不断变化的环境的因素。它们不仅可以用作应对高级考试的景观，而且可以在儿童的探究学习中真正发挥作用。教育价值使其成为幼儿学习和思考的催化剂。

（二）种植区场地建设的策略

在今天的城市生活中，孩子们越来越远离大自然。种植区的简单种植活动是他们直观地感受植物生长过程的好机会。它不仅激发了孩子对植物的兴趣，而且让孩子们学习了很多关于植物的科学知识，掌握了简单的种植技巧，更重要的是，培养了孩子们的爱心，耐心，责任，观察和比较。那么如何利用种植区开展有趣的种植活动，充分发挥其教育作用呢？我们做了以下事情。

有效利用种植区，鼓励孩子自主种植和管理

过去，为了让儿童参与种植园活动，教师要求他们将自己种植的一些小植物带到班级种植区，但是孩子们种植的大部分小植物都由父母完成。他们被动地完成教师安置的任务，并不关心这个小植物的成长。即使有一些表现良好的父母和孩子，在将种植的植物带出课堂后，兴趣不能持续很长时间，因为植物的发芽需要一个过程。另外，很多植物都放在一起，教师很难兼顾每株植物的变化，所以经常有一个场景：虽然每个班的种植面积都很茂盛，但孩子们很少真正关注，只有班级中管理种植区且不发挥其教育价值的教师或个别孩子。

由于种植时间以及植物生长速度的不同，孩子们陆陆续续地把植物带到幼儿园来，使孩子们都有机会向别人介绍自己的小植物。实践证明，不仅孩子们爱上了种植区活动，经常到种植区看看植物的变化，家长也充分体会到了种植活动的教育价值。

由于种植时间和植物生长速度的不同，孩子们纷纷将植物带到幼儿园，让孩子们有机会将自己的小植物介绍给他人。实践证明，不仅孩子爱上了种植区活动，而且经常去种植区看植物的变化。家长们也充分了解了种植活动的教育价值。

关注植物的生长变化，帮助孩子获得有益的知识经验

对于这一点，我们过去也有一些很好的经验，如做植物生长记录。但是对于幼儿来说，做植物生长记录还是一件有难度的工作。那么怎样指导孩子完成呢？首先教师要以身作则，为幼儿做榜样。

为此，我们过去也有一些很好的经验，例如，制作植物生长记录。但对于幼儿来说，做植物生长记录仍然是一项艰巨的工作。那么你如何引导孩子完成它？首先，教师应该以身作则，为幼儿树立榜样。

具体表现为教师要亲自种小植物，还要从孩子的角度审视所提出要求的合理性、适用性。如果教师本身都对种植活动不感兴趣，怎么为孩子做榜样呢？因此在选择所种植物上，我刻意标新立异，找到一根莴笋，目的是引起孩子们的兴趣。

具体表现是教师应该自己种植小植物，并从儿童的角度检查要求的合理性和适用性。如果教师本身对种植活动不感兴趣，他们怎样才能为儿童树立榜样？因此，在选择植物时，特意发现新奇的植物，以吸引孩子们的兴趣。

例如，小豆苗长出新叶子了，白菜好像结花骨朵了，地瓜苗又长高了，甚至是萝卜烂掉了，蒜苗干枯、死掉了。不管是谁有了新发现，教师都会做发起人，以小组的活动形式组织孩子进行观察记录，这样不仅利于指导幼儿的观察、绘画，还可以组织幼儿对植物的生长进行话题讨论。这些话题包括：白萝卜和红萝卜的叶子一样吗？为什么这棵萝卜的根会烂掉？种在水里、沙里、土里的大蒜长出的蒜苗哪个最快？哪个最粗？等等。孩子们在轻松的氛围中参与话题讨论，也许孩子们的讨论只是只言片语，缺乏逻辑性，但是孩子们真真正正在思考问题，这是最重要的。

放大种植活动成果，促使孩子积累有益的生活经验

虽然儿童的种植活动对成年人来说非常不起眼，但教师应密切关注种植活动，及时放大成果，充分满足儿童的成就感。当一些孩子种植植物成为观察和讨论的中心时，孩子的心里充满了幸福；当一些孩子的大蒜种子被切割并送到自助餐厅变成美味的汤时，孩子的心里充满了幸福。教师不应该忽视每一个机会，并且希望让每个孩子都能理解这种幸福，并扩大它。

总之，种植活动是一项需要长期坚持开展的工作，其教育效果也不是一两次活动就能够完全呈现出来。教师必须把对种植区活动的关注作为一种习惯，抓住这一良好的教育契机，引导孩子们学在其中、乐在其中，并获得一些有益的生活经验。因为这些生活经验的获得，远比孩子们枯燥单调地学习一种知识更为重要，它必将在孩子们美丽的人生画卷中留下最为新鲜靓丽的一笔。

（四）种植场地建设方案

幼儿园的种植场地是常识教育任务的一部分，是促进幼儿观察力发展、增长和丰富知识的途径之一。通过设置种植场地，既可以美化环境，使活动室美观、充满生气，也可使幼儿的生活更加生动有趣，丰富多彩。

同时，在教师的指导下，让幼儿参与种植活动，可使他们积极主动地仔细观察植物，从中发现平时不易引起注意的一些特征和变化，培养幼儿的观察力，从而激发起幼儿对自然的兴趣以及探索大自然奥秘的求知欲望，使幼儿认识得更深刻、全面，掌握的知识更丰富、更巩固。种植场地的特点是：在活动室内所占面积小，所需材料简单、易备，效果直观、易懂，适合于小班幼儿，尤其对于活动面积比较窄小的教室更为合适。

种植场地的活动内容是供幼儿观察和劳动，可以在课外时间以个别的或几个人为小组的形式来进行。这样可让幼儿根据自己的兴趣自由地选择观察对象。在劳动时，教师可有目的地根据幼儿的特点组织本班的劳动。我班幼儿的体质弱，动作发展差，主要是让幼儿观察和协助教师做些力所能及的工作，像给植物浇水等。除了按时浇水外，天气好时大家一起端出去晒晒太阳，平时幼儿经常聚在一起观察，看看谁种的植物先发芽，都长出了哪些植物，它们的芽有什么不同，哪种植物长得快等。

（五）植物种植

植物设计在儿童活动环境中非常重要。儿童好奇，好探险。有的时候可以在某些密植树丛地段，在光线上给人黑暗，预示着危险，其实没有危险，对较大的儿童是个致命的吸引，大多可以吸引他们去探险，从而带来了游玩的刺激性。让他们去接触大自然的质感，对他们的成长有利。

特殊树是指有独特外形的树木，其树干或扭曲，或多瘤节，或缠绕，特殊型植物极易引起儿童对植物的好奇心和浓郁的兴趣，是吸引他们热爱大自然的一种有效手段。最常用的特型树种有龙爪槐。

儿童对鲜艳的花朵天生喜爱，花卉的色彩将激发孩子们的情趣，同时也能增加他们对自然、对生活的热爱。有条件的儿童游戏场所可在草地上栽植成片的花丛，或修建小型花坛，尽量做到四季都能看到花朵。此外还可设置植物角，将其设计成以观赏植物的花、叶、果或者闻香味为主要内容的区域，让大自然千姿百态的植物，丰富孩子们的植物学知识，培养他们热爱树木，保护树木、花草的良好习惯。

由于儿童年龄偏小，好奇心较强，活泼好动，但缺乏有关植物的科学性知识，且抵抗力较弱，为安全起见，还需特别注意要避免采用如下植物：有刺激性，有异味或引起过敏性反应的植物，如漆树；有毒植物，如夹竹桃；有刺植物易刺伤儿童皮肤和刺破儿童衣服，如刺槐、蔷薇等；有过多飞絮的植物；易生病虫害及结浆果的植物。

（六）种植区材料的投放

1.摆放植物种子标本

让幼儿认识了解它们的名称和用途。摆放的器皿可以用透明的玻璃小瓶，贴上标签，摆放在墙角或窗台上。

2.种植植物

用废旧的铁罐头盒、小碗、小盘、塑料点心盒等种植物。如种黄豆、蚕豆、花生、蒜、芹菜根、萝卜头、花草等。教师每天提醒鼓励幼儿观察它们发芽生长的过程及变化。这种方法最好用在冬春两季，以美化室内环境，调节一个因季节而造成的单调色彩。摆放位置最好放在阳光能照射到的及便于幼儿观察的地方。

3.用植物种子粘贴或反映不同教育内容的画面

如贴出不同的几何图形，让幼儿既认识了植物种子，又认识了图形，还认识了颜色。还可用不同颜色的植物种子粘贴成一幅优美的画。如用大米贴成白云、小红豆贴成太阳或红花、绿豆贴成小草或小树、黄豆贴成房子门窗、黑瓜子皮贴成大雁、海鸥等，让孩子们欣赏画单的保存方法，如将树叶拼粘成动物或图案贴在植物标本册上。将树种盛放在透明小瓶内贴上标签陈列，或制成树叶画册、树种画册等。教师在设置种植场地的同时，还要不断地准备必需的材料。诸如各种植物种子、喷壶、小铲，动员幼儿收集各种废旧小瓶、小盒、饮料桶等。与此同时，自然地掌握一些植物知识。

4.把一些植物稍加修饰拟人化，当作工艺品摆放

（1）植物种植缺乏安全、科学性。每班创设植物角，经过调查80%的植物角都种植仙人掌、仙人柱等不适合幼儿园种植，对幼儿存在危险的植物。同时，植物角的植物种类匮乏，绝大多数仅是一些观赏植物，植物生长情况不明显，不利于幼儿观察。

（2）种植劳作工具缺乏。在植物角中，没有相应的劳动工具，幼儿缺少植物角的种植和管理的媒介。

（3）幼儿植物角参与的普遍率不高。植物角保教老师包办照料现象较为普遍，幼儿亲自参与的积极性、可能性、全体性较低。如何创设合理的、幼儿能自我管理的植物角呢？我觉得可以做以下尝试。

5.提供丰富的植物种类

（1）植物种子的标本。摆放在透明器皿中的植物种子便于幼儿观察，寻找异同，培养细致观察能力。

（2）应季的蔬菜。用废旧的铁罐头盒、小碗、小盘、塑料点心盒等种植物。如种应季黄豆、蚕豆、花生、蒜、芹菜根、萝卜头等。教师每天提醒鼓励幼儿观察它们发芽生长的过程及变化。

（3）发芽种子。种子生长的过程充满乐趣，幼儿在细致照料的过程中，亲自参与、了解，感受变化，完成观察记录，体验生长的奥妙。

（4）观赏植物。各种观赏植物可以美化活动室内外环境，调节一个因季节而造成的单调色彩，使活动室充满生气。

（5）采集树叶、野外植物。幼儿走进大自然，采集各种树叶、树种和野生植物，并学会简单的保存方法，如将树叶拼粘成动物或图案贴在植物标本册上、将野生植物移种回幼儿园照料等，激发幼儿对大自然的探究欲望。

6.确保幼儿亲自参与的机会

（1）提供工具。教师在设置植物角的同时，还要不断地准备必需的照料工具。诸如喷壶、小铲，动员幼儿收集各种废旧小瓶、小盒、饮料桶等。同时还需教给幼儿一些劳动技能及正确使用工具的方法，这样不仅能培养幼儿废物可以利用的意识，而且也培养了他们对于植物的照料能力。

（2）提供机会。有了照料植物的工具，教师还应当为幼儿提供充裕的照料时间和全体幼儿参与的机会。教师可以请幼儿每人准备一个盒子，如方便面盒子、

塑料杯等，请幼儿每人都种植一棵植物或一粒种子，平时，幼儿可以自己照料、观察植物生长情况或和同伴一起说说，自己的是什么植物、它长得怎么样。植物照料的责任承包给幼儿，定能激发他们参与植物角管理的热情和积极性，同时也更能发挥植物角的价值和作用。总之，植物角的存在应体现教师宏观把握、幼儿亲自参与的意义，因此，亲爱的老师们，请把植物角还给孩子吧。

三、沙土区场地建设

（一）沙土区创建原则

1.主动探索、随机调整、及时反馈思考

创设良好的精神氛围，在幼儿探索活动中准确把握幼儿的发展需要，适时调整教育目标和方法，及时抓住每一个教育契机。苏霍姆林斯基认为："教师的一个最重要的品质就是深深热爱孩子，有跟孩子在一起的内在需要，有深入到儿童精神世界中去并了解和觉察每个学生的个性和个人特点的能力。"在活动中采取了幼儿自主探索的活动形式，尤其在目标的确定上，尽可能贴近孩子的水平，满足幼儿的需要，在活动中，又做到及时调整。例如，感知沙、土特性这一活动，在活动前，我认为随着大班幼儿认知能力的提高，对事物的认识已经不仅局限于某一事物、某一特征，可以增加参照物，加强对比、分析，于是在为幼儿准备沙的同时，还准备了大量的黄土，希望为幼儿提供可对比的参照物。可是在活动中，孩子们对日常经常接触的沙仍然抱有浓厚的兴趣，对土的关注明显不足。

孩子们对事物的认识往往建立在已有经验的基础之上，沙是幼儿每天接触的"玩具"，在此次活动中又给他们提出了新的任务，丰富了活动材料和工具，因此，幼儿探索兴趣依然浓厚，能在活动中发现问题，寻求解决问题的方法。而在砖瓦水泥铸成的大城市中，土成了稀有之物，孩子们对它还缺乏基本的了解，兴趣点还没有从一个事物转移到另一个事物，更何谈二者之间的对比、分析。我高估了幼儿的需要，因此，我灵活地随机调整教育目标，因势利导，不急于求成，关注幼儿小步递进的过程，为幼儿的认知搭架，激发幼儿的探索兴趣。在幼儿充分认识沙的基础上，逐渐引导幼儿对土的兴趣，逐渐过渡到沙与土的对比观察。就这样，我在活动中细心感知着幼儿的需要，准确地把握着幼儿的发展水平，及时调整教育目标，平稳地、适时地过渡每一环节，使幼儿通过努力达到自己最近发展区。

在整个探索活动中，我逐渐引导孩子们增加了记录环节，使幼儿的探索趋于规范和有序，引发个体的思考过程，培养幼儿对物体客观的描述，使记录建立在事实的基础上，懂得科学产生的过程，帮助幼儿梳理活动思路。尽管幼儿记录方式各异，不够规范和准确，但幼儿记录较真实，加之他们自己形象的语言描述，帮助了幼儿反思自己的活动过程，成为幼儿说明自己观点的有力证明，从记录中反映了幼儿的探索过程和收获，得出相关经验，有效地促进了幼儿科学态度的形成和发展。

2.创设情境游戏化的场地

沙是最贴近自然、最有趣的游戏材料，把玩沙活动游戏化，赋予活动以有趣的情境，在游戏中丰富幼儿的经验。记得小时候，我和伙伴们在建筑工地的沙堆上玩挖陷阱、捉小偷、金山探宝、解放军操练等游戏，我们常常一个假期都陶醉于那种淋漓尽致的快乐之中，沙本身是没有生命的物质，放在那里也许仅是建筑材料。但是，如果我们把它设计到游戏的情境之中，这就成为最具操作性、可变性、多功能、低结构的游戏材料。如"彩沙作画"中，它是孩子们手中的画笔和颜料；"立体沙模画"中，沙是孩子们的画纸；"筛沙选石"中，它又是有趣的原料；"沙中寻宝"中，它又为幼儿提供了游戏的情境……

因此，沙土游戏不应再让幼儿简单地堆沙、扬沙、挖沙，而是充分利用沙，设计各种有趣的情境，把沙变为可操作的游戏材料，例如，"挖陷阱"游戏，幼儿用各种手段挖成陷阱，并架设各种伪装不使敌方发现，活动中运用挖、踩、踏、堆等多种动作参与活动，发展幼儿四肢的协调性、灵活性，增加手臂的力量、准确性，进一步了解和利用沙的特性，与同伴间友好合作交往。同时，对方会细心观察，发现危险，即使落入陷阱，柔软的沙也不会对幼儿造成任何伤害，在游戏的情境中，幼儿又为自己的成功身心愉悦。幼儿把愉快的游戏内化为自己的知识经验。教师灵活的教育机制依赖于教师对情境敏感、思维敏捷、认知的灵活性、判断的准确性、对学生的感知和行为的变通。一学期中我创编了大量的玩沙游戏，满足幼儿们强烈的学习兴趣与愿望，为幼儿提供充分展示自己的空间与条件，引导幼儿的发展，每一项活动的设计我都融进了现代教育理念。

3.促进身体健康发展

阳光、空气、水、沙、石、土等，是自然界赋予我们最珍贵的财富，在玩沙活动中发展体能和促进幼儿动作的协调发展，对环境的适应能力得到提高，加强抗病能力并初步建立自我保护意识。

由于沙具有松软、可流动的特性，所以在沙中游戏是比较安全的，不会发生跌伤、骨折等事故。幼儿在沙池中可以自由驰骋、无拘无束，在各种玩沙的游戏中，堆、压、踩、踏、滚、爬的各种玩沙动作，使沙对幼儿的身体发挥着最全面、最便捷的按摩功能，尤其是春夏秋三季，我们组织幼儿进行的赤足沙上游戏，通过对幼儿足部的按摩，促进了幼儿全身脏器的良好发育；幼儿身体大、小肌肉群得到了协调发展；提高了幼儿对环境的耐受能力。活动中幼儿进餐明显好于往常，生病幼儿明显减少，大大提高了幼儿出勤率。同时，由于沙的特性，在沙上行动体能消耗极大，也是幼儿耐力训练的良好途径。在游戏中孩子们还逐渐丰富着自己的生活经验并合理地利用：有沙的地方易滑倒，不安全；松软的地方行走较累，他们就在军事游戏中为敌人设置这样的障碍；沙子容易粘在潮湿的衣服和皮肤上，在夏季玩沙时，孩子们知道随时用手绢擦汗水；鞋中的沙子会把袜子硌破，孩子们索性赤足玩沙；沙颗粒较小，易飞扬，易迷眼睛，不能扬沙、抛沙、用沙攻击他人……建立了自我保护意识。

沙是幼儿非常喜爱的游戏材料，因此，我们增加了幼儿与沙的接触力度、玩沙的时间。设计了有趣的沙中体育游戏，以促进幼儿身体各部分的成长和发育。如顶沙包，负重练习、上沙山比赛，躲闪跑练习、沙海翻滚，装沙、运沙、盖"房子"，挖沙中隧道。

4.促进幼儿心理健康的发展

玩沙对幼儿心理健康发展的作用同样不可低估。实践证明，玩沙使幼儿经历了健康的情绪情感体验，促进了幼儿之间的交往合作，形成自觉遵守规则的良好氛围，引导着幼儿良好的个性品质的形成，造就了幼儿坚强勇敢、不怕困难、积极向上、不怕挫折的意志品质，有效提高了幼儿心理适应能力，同时玩沙也最能为幼儿提供创造、想象的空间与条件。因为在玩沙活动中，幼儿身心愉悦，始终保持着良好的心境，在活动中幼儿要积极与同伴发生互动，共同参与游戏，学习同伴的游戏方法，争得同伴的帮助、合作与支持，甚至和同伴共同完成各种作品，孩子与孩子之间、教师与孩子之间是同伴，是朋友，我们在探索、发现和创造的过程中彼此相伴，彼此尊重，在情感上我们又互相依赖，正是在这样的氛围中我与孩子们零距离接触，准确地捕捉着孩子们关注的焦点，创编各种游戏。如沙堡游戏、沙山探雷、翻越沙山、军事演习、伪装沙坑、沙地追逐跑、沙地隧道、彩沙作画、筛沙、沙中寻宝、沙中种植、沙制玩具、湿沙建筑等。

玩沙活动促进身心和谐发展，增进体能，促进幼儿动作的协调发展，增强幼儿身体的协调性和灵活性，提高了幼儿对环境的适应能力，加强抗病能力；促进了幼儿之间的交往合作；引导着幼儿良好的个性品质的形成；造就了幼儿坚强勇敢、不怕困难、积极向上、不怕挫折的意志品质；有效提高了幼儿心理适应能力；同时玩沙也最能为幼儿提供创造、想象的空间与条件。

（二）沙土区角的材料投放

苏联教育家苏霍姆林斯基说过，儿童智力的发展体现在手指尖上。因此以新鲜有趣的材料引发幼儿探索的兴趣，成为幼儿学习的内在需要。在区角的材料投放中发现，新颖的材料确实很容易引发幼儿的关注，让他们进入到探索活动之中。例如，立体沙模、窗纱、漏斗、胶粘纸的投放，使幼儿发明了沙的各种新颖玩法。同时，一些常见的材料，幼儿也常常能够赋予它们新的玩法，给他们提供了发挥创造力和想象力的机会和条件。

例如，幼儿随手偶得的树枝、石子、树叶、纸张成为幼儿沙上建筑的最好辅助材料。总之，合适的材料并非都是教师精心挑选而得，材料的选择只要有助于激发幼儿参与活动的兴趣，提高体能，获得成功、愉悦的心理体验，以自己的方式获得有益的知识经验，有助于幼儿开展自发的观察、讨论、交流、活动，梳理头脑中的信息，产生怀疑和争论，引出新实验，使探索不断深化，就达到了引导幼儿身心健康发展的目的。

总之，材料的投放可以极大地激发幼儿自觉探索的兴趣，幼儿在探索与摆弄活动中不断产生新的兴趣，为新教育活动的形成做了必要而有效的铺垫，使幼儿产生了主动学习的需要。这样把偶发性活动中遇到的问题，通过正规性科学活动来解决，体现教育方式的相互转化，满足幼儿需要，生成新的教育活动。当然，由于幼儿年龄特点与认知水平的限制，材料投放应符合幼儿的认知水平和年龄特点，不能过于复杂，应尽量克服无关因素的干扰，否则会出现盲目摆弄现象。

四、绿化场地的建设

（一）绿化场地建设总则

儿童天真活泼，幼儿园园区植物应多采用颜色鲜艳的开花植物，营造热烈，欢快的氛围。乔木应选择树冠大，遮阴效果好，耐修剪，易于管理的国槐、龙爪、楸树、合欢、核桃、栾树、白蜡、合欢、古楝等树种。灌木可选择春天开花的迎春花、连翘、贴梗海棠、丁香、榆叶梅、碧桃、西府海棠、樱花等，夏季开花的石榴、木槿、珍珠梅等，秋季开花的紫薇、胡枝子等。草本花卉可根据不同颜色和花期，选择如鸢尾、马蔺、凤仙花、紫茉莉、半支莲、石竹、金鸡菊、蜀葵、菊花、美人蕉、波斯菊、矮牵牛等花期长，色彩艳丽，管理粗放的品种。草坪是儿童嬉戏的乐园，故应选择抗寒性和耐践踏性比较强的草地早熟禾、细叶羊茅、狗牙根等草种。

园区绿篱可选择四季常青，耐寒能力较强的植物，如侧柏、大叶黄杨、小龙柏、锦熟黄杨、胡枝子等。以爬山虎等攀缘性强的植物覆盖墙面，不仅能美化园舍，还能发挥"天然空调"的作用。围墙周边可栽种金银花、扶芳藤、牵牛花等藤本植物，使其攀附在墙壁上，形成绿色屏障。棚架植物可选择紫藤、葡萄、丝瓜、南瓜、猕猴桃、白藊等生长速度快，遮阴效果好的材料。为了增加童趣，除了设置修剪成卡通造型的大叶黄杨、女贞等建成植物迷宫、供孩子们玩耍。金叶女贞、紫叶小檗、红叶李、五角枫等彩叶树种和彩叶草、紫苏等草本花卉能够为园区增添色彩，而金枝国槐，棣棠等冬季观枝植物，则能让寒冬仍有景可赏。

为了培育儿童热爱植物，热爱大自然的意识，还可以种植一些抗性强，病虫害少，耐粗放管理的果树，如苹果、枣、沙果、山楂、海棠等。组织幼儿给果树施肥，浇水，拔草，果实成熟时一起采摘，让其体验劳动的乐趣，享受自己劳动的成果。

幼儿园园区绿化植物选择还必须着眼于给幼儿园创造安全的活动环境。园区内不宜栽种有刺激，有异味或容易引起过敏的植物，如漆树的树液有刺激性，极易使儿童皮肤发生过敏；法桐花粉容易引起儿童皮肤过敏，呼吸道不适。黄婵、夹竹桃、凌霄等有毒植物也不能种植。月季、黄刺玫、枸杞、凤尾兰等长有钩刺的植物应尽量少种或不种。易发生病虫害的植物，如榆树、柳树等也应尽量少种植。

（二）绿化场地的植物选择

1.幼儿园园林环境组成

（1）尺度

幼儿园的园林环境及整体环境，其中各种设施的尺度都应符合幼儿的标准。尺度所研究的是构筑物的整体或局部的大小印象及其真实大小之间的关系问题。有利于智力开发和身体锻炼，小尺度的设施和环境使孩子们感到亲切、自由和平等，充分展现真实的游戏生活。在轻松的气氛中，儿童更容易发挥想象力，积极主动地发挥创造力。这对提高儿童的思维能力、组织能力和协调能力都有一定的积极意义。

（2）色彩

儿童天真活泼，朝气蓬勃。愉快、明朗、积极向上的艺术效果是幼儿园设计者必须追求的构思。"色彩和谐统一的关键最终在于人类心灵有目的的启示和激发，这是内在需要的指导原则之一。"心理学研究表明：色彩环境对人的情绪、智力、个性发展有着重要的影响。色彩设计是幼儿园环境设计中相当重要的环节。

从孩子第一步迈进园区，最先吸引他们注意力的是色彩，其次是图像和文字，色彩对幼儿的影响是最直接、快速的。因此，作为一种重要的环境要素，幼儿园色彩环境关系到幼儿的成长，也关乎幼儿园良好社会形象的树立。色彩是光作用于人的视觉神经系统引起的一种感觉。色彩包含了红橙黄绿蓝靛紫黑白，以及这些颜色之间的混合。色彩是影响感知系统的重要因素。色彩与形状、明暗、肌理等元素相比，更具有直观性、鲜明性、表现力和冲击力。人们随着年龄的变化，生理结构也在发生着变化，而色彩对心理所产生的影响也在不断地变化。大部分儿童喜欢鲜艳明快的颜色，尤其是对比强烈的色彩。因此，在园林空间的色彩设计中，首先要选择明度和纯度较高的色彩。

（3）材质

触觉的发展是儿童各种感觉发展的基础，对儿童的心理发展具有重要作用。丰富的触觉刺激可以促进儿童的身心发育。儿童可以通过触摸来辨别物体的形状、大小、轻重、软硬、厚薄等发展自己的触觉认知系统。触摸是儿童认知的开始，同时也是儿童动作发展的第一步，通过触摸活动，儿童学会将自己的触觉与视觉相整合，建立起正确的感官系统。幼儿教育家蒙台梭利非常重视儿童的感官教育，她认为儿童认识客观世界是从感知觉开始的。因为有了感觉和知觉，人才能获得关于客观世界的知识，为进行高级的、复杂的心理活动打下基础。

（二）室外环境绿化的形式

1.自然绿化

自然绿化是通过人工栽种一些无须人为刻意修剪的植物（多以大型植物为主）来实现的。幼儿园装修自然绿化可以丰富户外空间层次，消除户外空间的空旷和虚无感，营造浓密的绿意，增添大自然的气氛，给幼儿以自然的感受。不要种植太多树木，太多树荫也不利于幼儿身体健康和活动的开展。另外还要考虑栽种一些体现四季不同特点的树木，便于幼儿观察和了解随着季节气候的变化，树木色彩与生长特征的变化。园内高低错落的植物，产生了丰富的层次美，体现了幼儿园与大自然的和谐。可栽种一些具有地方特色的树木，体现了浓郁的地方特色，增进了幼儿对环境的亲切感。

2.人为绿化

人为绿化就是按照合理的布局栽种并定期修剪低矮的铺地植物，如绿化带、草坪等，这些都起着分割各自区域与保护的作用。应力求使户外绿化植物的高低形成对比，在视觉上增强空间的层次感，从而提升环境的亲和力，促进幼儿对环境的亲切感受。

草坪应占户外绿化的主要面积，这样便于摆放大型的娱乐设施，有利于幼儿开展各种户外活动，增强幼儿体质和促进幼儿各方面能力的发展。

人为绿化植物要定期按照固定的造型修剪。同时，要考虑它的造型和布局，不能太单一，要有曲直变化，形象有圆有方，疏密协调。由于此类绿化植物较为矮小，幼儿容易触摸，因而要避免种植有毒，带刺的植物。在栽种植物时，也要考虑其颜色的对比与协调。植被的颜色不能太单一，要注意植被颜色的深浅、色彩和明度的搭配，其造型要有情趣，要有幼儿园特色。

3.活动绿化

活动绿化主要指用盆栽的四季花卉点缀和丰富户外环境，使幼儿园户外环境四季有变化，月月有新意，时刻有鲜花盛开。这样有利于满足幼儿对环境新、奇、趣的感受，使他们了解和认识各种花卉植物的生长规律及特征，丰富他们的情感，提高他们的审美能力。花卉植物宜摆在幼儿易于观赏和户外环境中较为重要的地方。

（三）绿植物选择

由于儿童年龄偏小，好奇心较强，活泼好动，但缺乏有关植物的科学知识，且抵抗力较弱，为安全起见，还需特别注意要避免采用如下植物：有刺激性、有异味或引起过敏反应的植物，如漆树的漆液有刺激性，会使人产生皮肤过敏反应。有毒植物，如黄蝶的植株乳液有毒、夹竹桃植株有毒、凌霄花粉有毒。有刺植物，如刺槐、玫瑰等。给人体呼吸道带来不良作用的植物，如木棉，由于棉絮较多，飘扬时间较长，所以幼儿园中不易采用。易生病虫害及结果的植物，如垂柳易生病虫害，葡萄的浆果落地不卫生，难以清扫。

依据环境特点选择乡土树种。要求充分考虑场地自身条件，除应考虑选取易于种植的乡土植物外，还应注重自然与生态相结合，保证生态群落的稳定性。

选择趣味性强、四季变化明显的树种。叶花果形状奇特，色彩鲜艳，能引起孩子兴趣的植物。

选择生命力强，萌发性强的植物。儿童活泼好动，好奇心强，采摘花、果、枝、叶玩耍作为游戏的材料是常事。生命力强的植物，受伤后愈合迅速，以便维持景观效果。有条件的幼儿园可规划出一块生物角，可设计成观赏植物的花、叶、果或香味为主要内容的生物角，让大自然千姿百态的叶形、叶色，花型、花色，或不同的果实，还有各种奇异树态，如龙爪槐、炮仗花、蒲桃等让孩子们在观赏中增长对植物学的知识，培养兴趣。也培养他们热爱树木、花草的良好习惯。根据场地选择的特点和自然生态情况，可以开辟以蔬菜水果为重要作物的农作物种植角，种植熟悉的西红柿、草莓、辣椒等小作物，把动手和趣味融于一体，专门培养儿童的动手、认知能力等，通过作物的生长过程去认知自然，了解自然。绿色植物，不仅能净化室内空气，增添一抹大自然的颜色，又能使人放松、精神愉悦。幼儿园园林环境应充满绿色，清新宜人。绿色的植物能净化空气，使空气变得清新；绿色植物使空气中有益的负离子增加，吸附有害健康的尘埃，这对儿童是非常有益的。因此，在幼儿园园林设计中，可采取多种绿化手段，尽一切可能创造更多的绿色空间，为解除师生精神及视觉疲劳提供条件。

（四）室外环境绿化的原则

1.以花草为主，乔灌木为辅

在幼儿园室外场地的不同部位，应结合场地功能、日照条件、土质情况等进行恰当的植物配置。幼儿园用地边界宜采用乔灌木搭配种植，以形成天然屏障，使幼儿园与外界有良好的隔离带，并使幼儿园主体建筑在绿化的环保中格外亲切动人。

2.注意不同季节的绿化效果

在植物配置上力求四季做到春有花，夏有荫，秋有果，冬有青。根据树木的特征和场地的功能，可采用弧植、行植、片植相结合的灵活手法，创造轻松、活泼、优美的室外环境。

3.树种选择

严禁种植有毒、有刺激性、带刺的植物。

4.乔木种植注意事项

要注意乔木应与建筑物和地下管线设施保持适当距离，以免影响乔木自身的生长或高大乔木因距主体建筑太近而影响室内采光。

（五）绿化实施方案

1.分析幼儿园的现状，根据现实情况制订计划，保证绿化覆盖率达到50%以上。

2.指导思想与总体思路

指导思想：坚持以"三个代表"重要思想为指导，坚持以人为本的可持续发展观，以加强幼儿园生态环境建设为重点，以幼儿园一把手抓幼儿园绿化为切入点，以强化幼儿园绿化规范化管理，加强依法治校为手段，以增强幼儿园文化内涵，特色幼儿园为结合点，积极创造适宜、优美的幼儿园育人环境，为提高幼儿园的保育保教质量奠定物质基础。

3.工作目标任务

总体目标：幼儿园绿化覆盖率争取达到50%以上，绿化品种应乔、灌、滕、果合理搭配，幼儿园绿化同庭院种植经济相结合，既能达到绿化、净化的目的，又能取得经济效益。

4.实施办法

（1）据本园的地形地貌和本地区的实际，充分利用本地区的自然优势，尽量做到少花钱，多办事，要努力形成自己的特色，不雷同，力求做到"我园一景观、我园一特色"。幼儿园绿化、美化因地制宜，讲究风格和特色，坚持平面绿化美化和立体绿化美化相结合，幼儿园的绿化美化与室内的绿化美化相结合。

绿化美化多树种、多层次，树、花、草搭配合理，注重整体效果，达到绿化、美化、香化、净化和春有花、夏有荫、秋有果、冬有青的花园式效果，使幼儿受到艺术的熏陶和感染，增强欣赏美、创造美的能力。

幼儿园四周有成型的树木。四周保证栽2~6行的绿化，观赏树种，在幼儿园区划间种植绿化隔离带。加强对绿化成果的管理。养护工作，建立科学管理体系，落实工作责任制，依据植物的生物学特征，加强绿地养护管理。坚持科学种植，科学管理，严把抗旱、排泄、施肥、除草、松土、修剪、保洁、病虫害防治关口，运用科学，艺术手法修剪乔、灌木，提高植物观赏效果，达到树绿，花鲜，草美及绿地内无杂草，无杂物，无病虫害标准。

5.实施步骤

总结推广典型经验。学习兄弟单位绿化工作先进经验，对幼儿园绿化工作摸清底数，明确任务，制定措施，落实责任，健全机构加强领导，召开会议进行动员部署。

做好宣传动员工作。通过各种手段广泛宣传幼儿园绿化的意义，动员全体师生积极参与幼儿园绿化建设。

落实幼儿园绿化规划。我园的规划一经制定通过，坚决按年度计划组织实施，不能因领导的变动或其他原因废弃规划，坚决杜绝违反绿化规划现象。

6.具体措施

（1）加强组织领导。成立相应的组织领导机构，建立工作责任追究制度，奖优罚劣。园长对本园的绿化工作负总责。

（2）突出重点。

（3）建立校园绿化工作机制。我园按照"依法治绿，领导抓绿，师生办绿"的原则，建立起行之有效的工作机制，依法管理幼儿园绿化成果，动员和组织全体师生大搞幼儿园绿化。

五、自然科学区的建设

（一）种植养殖区域

饲养和种植活动对幼儿来说是非常有趣的切身活动，而现在有的幼儿园却只把它作为美化环境的装饰，放几盆鲜花、养几尾金鱼，天天如此，四季不变，而且不让幼儿参加管理，成了与幼儿无关的"死角"，失去了它的教育作用。实际上，挖土、播种、植苗、浇水，即使幼儿所做的仅是帮一些忙，但这种和自然接触的经验和活动，在促进其身体或感觉的发展上是十分有益的。同样，动植物都是具有变化的东西，幼儿透过这种种植养殖的经验和活动，就能切身感受到这些变化，这种亲身体验，对幼儿来说是非常重要的。同时，他们在种植养殖活动中能够学会亲近、爱护动植物，注意到动物所吃食物的不同，叶子、花形态的不同，知道它们有生也有死，为此会学习精心照顾的方法，并在体验这些生命的生长变化过程中，在收获成果中体会到参与及成功的快乐。那么在自然科学区适于饲养动物、栽培哪些植物，应注意的事项是什么，下面做具体介绍。

（二）栽种花草区域

养盆花：许多盆花适合在室内养殖，一般选取月季、石榴、扶桑等色泽艳丽的观赏盆花，还可养鸡冠花、太阳花、凤仙花等成活率高、易于管理的花，此外，菊花是秋季典型的花卉，水仙是冬季科学自然区理想的花卉。引导幼儿观察花、叶、气味的不同。

瓶插：采杨树、柳树、桃花、海棠、榆叶梅等树枝与花束插在大口瓶中，引导幼儿比较它们出现的早晚、外形异同，了解它们与气候的关系。

栽培：收集牵牛花、凤仙花、鸡冠花、太阳花等容易栽培、成活率高的植物花籽，以冰激凌淋盒、罐头盒、旧铁碗、方便面盒等废旧物做花盆进行栽培活动。学习播种、移植等方法，幼儿还可以练习使用工具的方法。可在冰棍棍儿写上幼儿姓名插在盆中做标记，随着植物的生长用彩笔在小棍上画标记，记录高度的变化，引导幼儿观察谁种的花先发芽，长得好，早开花，比较芽、叶、花的不同，并用记录本做简单记录。栽培时也可以做一些小实验，如种一盆带根的葱，再种一盆剪去根须的葱，每天浇水观察两盆葱的变化，使幼儿了解植物根的作用。

瓶泡：萝卜、白菜头、洋葱头、蒜、土豆等卡在玻璃瓶口，放水浸泡，还可以做一些艺术造型，如萝卜吊篮等，引导幼儿观察整体植株形态，比较叶、花、根系的异同。

种子发芽实验：幼儿自己收集种子、各种豆子进行种子发芽实验，幼儿通过观察比较，了解种子发芽与水、温度、阳光、空气的关系。

饲养各种小鱼是最常见的饲养物。乌龟、龙虾也是很易找到的饲养物。春季易养蝌蚪、蚕。指导幼儿用小鱼虫及蛋黄喂养，在蝌蚪长腿后，渐渐变为用肺呼吸，必须在水中放置假山石或木板，减少盆中水量，使其经常露出水面呼吸，引导幼儿用放大镜观察蝌蚪变青蛙的过程：卵蝌蚪长出后腿长出前腿尾巴缩短为青蛙，可用图画记录。蚕卵可先放阴处，待桑树发芽再将蚕卵移到温暖潮湿处，即可孵出蚕蚁，每天喂桑叶四五次，经常清理蚕屎，桑叶放塑料袋中防干燥。引导幼儿观察记录全过程：卵蚕蚁吃桑叶长大脱皮四次作蚕茧变蛹蛾子产卵。

夏季易养蜗牛、泥鳅、蝉。养蜗牛需大口玻璃瓶，瓶底放沙土，保持潮湿，用纱布包住瓶口，喂菜叶或嫩草。养泥鳅需鱼缸，在鱼缸底铺上细沙，喂鱼虫、碎肉。引导幼儿观察泥鳅在阴雨和风暴之前会上下翻动，表现不安，因此称它为"活动晴雨计"。

秋季易养虫子，如蟋蟀、蝈蝈、天牛、金龟子等，捉到后放在大口瓶中饲养即可。如有可能深秋时捉青蛙或蟾蜍在冬季饲养，养在较深容器中，底上铺半尺多深的沙子，保持沙土湿润，喂小活虫，冬季将盆放到室外，看它冬眠的情况。

（三）观察学习区域

常常会听见孩子们问些稀奇古怪的问题，世界对他们来说是新奇而神秘的，他们渴望了解一切。当一个孩子震惊于恐龙那庞大的骨架后，会急切地寻找，想去了解更多有关这种现实世界已经灭绝的动物；而有时孩子们会十分渴望亲手触摸小鸟那美丽的羽毛，想试试小刺猬是否真像故事中说得那么厉害。当然可以，在自然科学区教师巧妙地投放一些材料，引导幼儿进入他们渴望的世界，必将大大开阔幼儿的视野，扩大其知识面，同时也会激发他们的好奇心、求知欲，提高观察、比较、分析等诸多能力。下面具体介绍一些常投放的材料。

（四）常用工具

1.模型

地球仪：让幼儿了解地球仪就是巨大地球的缩小，它代表偌大的世界，可将幼儿熟悉的地名、国名、南极、北极、赤道及典型的气候、有代表性的动物作为幼儿了解的对象。

交通工具模型：各种飞机、轮船、车辆。

动物模型：狮、虎、象、恐龙、鱼类等。

制成的模型箱：如海底世界、大森林、寒冷的南极和北极、小鸟的天堂等。

2.标本

家禽标本、鸟类标本

青蛙生长过程标本、蚕生长过程标本

昆虫标本、花的标本

种子标本、叶子标本

矿石标本

请教师一定不要忘记标本旁应放置放大镜，以便幼儿细致地进行观察。

3.图书图片资料

科学丛书。

有关森林、四季、海洋、天空、动植物等自然知识、自然现象的挂图。

收集、展示

鼓励幼儿将自己的"宝贝"带到幼儿园，可以是捡到的造型别致的石头，收集的海螺、贝壳、雨花石、纽扣及各种新奇物，摆放在幼儿园的自然科学区，它们都是很好的科学材料，教师要充分利用这些难得的机会，引导幼儿观察、玩耍，分享快乐，接触科学。

丰收角：结合季节可将秋季收获的果实、粮食作物、各种蔬菜等放到自然科学区展示。

4.天气日记

引导幼儿观察天气的变化，学习记录、统计的方法。可设计成插板式天气日记和表格式天气日记。

插板式天气日记。

表格式天气日记。

5.操作实验活动

好动是幼儿的天性，皮亚杰指出："儿童应通过动作进行学习。"当孩子们想探知"电灯为什么会亮""磁铁为什么能将掉到水中的铁钉吸起来"时，不如顺应幼儿的天性，让他们亲自动手进行尝试，这会比教师费尽苦心地解释更容易让孩子们领悟，并获得直接的体验与感受。作为教师，我们的任务就是为幼儿提供充分的机会、工具、用品、材料，尽量让每个孩子都动起手来。种植、饲养、采集、记录、统计、小制作、小实验都是有趣的动手活动，在操作中，幼儿感知了事物的特征，积累了经验，发展了兴趣，也培养了求知欲和动手探索的良好习惯。

6.玩具成品

电动玩具：各种电动的车、船、飞机、动物等玩具。请幼儿自己安装电池，启动开关。

机动玩具：各类上弦、惯性玩具等。

声控玩具。

遥控玩具。

磁性玩具。

7.科学仪器

天平、双面镜、平面镜、三棱镜、哈哈镜、摩擦棒。

感官游戏以触觉来辨别相同、不同的物质两个纸袋，不同材质的物品，每种两个，也可放海绵、石头、匙等小物品。幼儿在两个纸袋内摸出相同的东西。

可以引导幼儿感受：

什么东西是凹凸不平的？什么是光滑的？什么又是有伸缩性的？哪些东西摸起来很舒服，哪些不太舒服，为什么呢？增强嗅觉方面的能力，分辨各种不同的气味相同的小瓶若干个，请幼儿用鼻子闻一闻，猜猜是什么。消毒水对人体有害，请幼儿用手扇着闻。

以味觉辨别不同的物质：

准备茶、牛奶、咖啡、柠檬汁、可口可乐、糖水、盐水、水、匙。请幼儿用匙尝尝各种饮料，辨别是什么味道，猜猜是什么。在每喝一种饮料之后喝口清水，清清喉咙。

增强听的能力，会分辨相似的声音：

易拉罐若干，内放砂、米、豆、石头、水、硬币等物请幼儿摇摇易拉罐，猜猜里面放的是什么，哪两个罐中发出的声音是一样的。

通过水的游戏，感知水的可溶性：

把盐、糖、洗衣粉、奶粉、沙子、大米、豆子等分别放入水中看一看有什么变化。将相同大小的肥皂片放入冷热不同的水中，观察溶解的情况。

水的三态的实验：冻冰花、杯里的水不见了。

六、充分利用室外景观活动区开展活动

（一）室外景观设计

1.我国幼儿园户外景观空间设计的现状

20世纪80年代以来我国的幼儿教育在事业上大发展，在教育理论上也取得很大进步。千禧十年之后，我国各地幼儿园教育的发展次第进入蓬勃时期，资助人结构空前丰富，主要包括政府、慈善法人、盈利投资者。虽然资助人为了提高教学环境的质量也在不断加大师资投入，但很多数量的幼儿园的户外场地并未得到应有的重视。空间狭窄、设施匮乏在室外景观设计上依然是薄弱环节，许多设计师只是生搬硬套地挪用一些方案，并未做到因地制宜，"判断它是否符合自身的环境和限制条件"。

（1）游戏设施形式单调、缺乏变化

受主流游戏形式的影响，跷跷板、滑滑梯、秋千等成为幼儿园户外设施不可缺少的程式化设备，甚至是唯一游戏设备。这致使很多地方的幼儿园千头一面、似曾相识。很难找到因地制宜的游戏设备。这种统一的设备必然会导致幼儿的户外游戏环境雷同，教育成效缺乏特色。

（2）植被单一

有些幼儿园一味寻求户外景观的四季常青，种植的树种局限于常绿树植物，甚至有些幼儿园为了追求欣欣向荣的假象，搬来很多树脂植物以求常绿，这种"四季如春"的环境因缺乏自然的生态变迁而显得了无生机，自然教育必然大打折扣。

（3）规范性差、存在安全隐患

科学、合理的设施尺度和设施间距是保障幼儿运动安全的首要条件，有些幼儿园为了节约成本，搞"DIY"，自己制作设备，因为缺乏专业尝试而制造出存有安全隐患的设施，比如生铁喷漆的跷跷板，硬质材料的秋千等，这些硬质设施都会对孩子造成安全隐患。还有些幼儿园为节约空间或缺乏幼儿运动所需设施环境的研究，将运动设施扎堆式聚拢在一起，缺乏自制力的孩子们课外活动时间一拥而上，也会导致"人机相撞"的安全隐患。

（4）边界的遮挡忽略了孩子与外界的交流

有些幼儿园为了学生安全，在院子周围做了厚厚的院墙，遮挡了幼儿通往外界的视线，也锁住了与外界的交流的心。这其实是缺乏对竖向设计的开发，国外很多幼儿园设有安全保障的瞭望塔，站在塔上极目远眺，不失为一种好的与外界交流的方法。

2.幼儿园景观设计的准备

3~5岁的儿童在生理发育特征上主要表现为视觉、听觉、嗅觉、肤觉等感觉系统的成长发育，与此同时，心理也会随感觉系统的发育，在与自然和人际交往面的扩大的同时变化和成长。这就决定了设计师在设计之初只关照学龄前儿童的身体尺度上的特征是远远不够的。相对于人体测量尺度，关注儿童的生理发育和心理发育也是至关重要的。户外空间景观设计成为影响儿童身高、生理、心理发育的关键因素。但幼儿对环境的优劣没有明确的判断，或者对环境的感受表达不清甚至不会表达，设计师很难从孩子们那里得到有效的设计依据。有研究表明，大多数成年人对童年的回忆都是丰富的，且有很多人可以追溯到语言表达之前。所以中小学生、成人的回忆，幼儿园教师的参与；相关儿童成长专家、儿童心理学家的建议成为为设计提供依据的主要途径。

设计要适合教育目的：幼儿园室外景观应该是教育实施环境的一部分，既不宜太大显得空旷、荒芜，也不能太小显得局促、拥挤。在设施项目和面积的选择上应该紧紧围绕教学目的，使环境和教学目标相适配，有针对性地进行设计。比如教师希望在教学过程中通过学生自选活动来锻炼他们的注意力的持久性，那就需要建设像秋千一样相对独立的游戏设施，而像滑滑梯那样有群体参与的设施是不利于教学目标的实现的。

设计应关照儿童心理，拓展社交能力：儿童在3~5岁的阶段社交习惯还没有养成，更多的是以游戏的方式投入，但在游戏过程中儿童的性格表象并不相同。既存在个体在不同情景中性格的变化，也存在相同情境中不同个体的性格差异。建构能包容挫折的私密小空间，创造适合激情运动的大空间都是非常有益的。现实中的室外景观设计多偏重于大运动的场地设计，在私密、半私密、开场的空间性质的区分上比较模糊，严重地挫伤了部分内向孩子的社交感。多种性质空间的划分是舒缓部分儿童紧张情绪的有效方法。在游戏设施的造型上，大多数专家都认为对真实物体的细致模仿会限定儿童的想象力。而过于抽象的造型往往使孩子疲于辨识而降低他们的参与兴趣。适度想象的造型设计也是调适儿童心理的重要环节。

（二）室外景观设计概要

1.幼儿园室外景观区的现状

（1）户外场地

户外场地缺乏管理，幼儿园设备设施陈旧，器械本身很少经过安全检测，场地偏小、景观杂乱无章、景观设计单调乏味，不利于幼儿的自主性、开放性。

（2）户外环境

户外环境理念的缺乏。一些教师认为幼儿教育只要在教室里面培养幼儿对唱歌、画画、跳舞的兴趣，忽略了对幼儿户外教育的重视。发达国家比较重视幼儿的户外教育，例如美国的学前教育是普及教育，他们认为幼儿景观环境对幼儿教育有着重要的作用，孩子喜欢户外运动，可以获得在室内无法得到的体验与乐趣，他们提倡与大自然亲密接触，认为户外景观的营造为儿童提供良好的学习环境，教师鼓励幼儿积极接触户外环境接触体会大自然更直接的学习。

2.幼儿园景观营造的原则

（1）安全的原则

幼儿的户外活动是在户外环境中进行的，由于幼儿在跑、跳、追的时候速度不易控制、平衡能力差、防护意识弱，容易导致各种意外的发生，而且大多孩子有爱幻想、好动、好奇等特点，因此需要设计中首先考虑的就是安全问题，尽可能避免凹凸不平的布置。幼儿在活动中磕磕碰碰是不可避免的，材料方面，活动所及的界面之角应尽量采用圆弧形柔性和防滑的材料；在植物配置上，种植无毒无刺无害的植物，还应注意不宜栽植容易招引虫子苍蝇的树种；在地面铺装上，公共活动场地、器械活动场地均可采用软质的地面铺装，如果场地有坡地、土堆、小丘等微地形，坡度应设计平缓以保证儿童安全。

（2）专业的原则

幼儿户外场地设计需要综合运用幼儿心理学、教育学、景观设计学等多门学科的综合，是一个特殊的教育环境，它不同于成人，由于幼儿的生理和心理方面的特点，使得幼儿环境有很多特殊的要求，在尺度方面，幼儿视点较低，某幼儿园户外景观从使用功能观赏功能上考虑，应做到功能简明尺度小巧；在色彩设计方面，提到幼儿园设计，灰色调子不能引起幼儿的兴趣，应采用活泼、温暖、色彩鲜明明快的简单色，幼儿可以在欣赏玩耍中加深对颜色和记忆和辨认，可以适当设计出幼儿喜欢的元素如流行的卡通人物引起孩子的兴趣，很多人认为颜色越鲜艳越好，但有时候颜色不整体容易造成视觉杂乱，适得其反。

在很多幼儿园户外景观中很多设计无暇探究儿童的心理活动，在满足儿童使用功能上的要求同时也应满足幼儿爱幻想、多变的需求，增加趣味性。

（3）儿童参与的原则

幼儿户外场地的功能是影响和控制幼儿的行为，户外景观设计不仅是为了美化环境，更应该注重孩子的参与性和互动性，提供符合幼儿年龄特点和个体发展需要的各种材料和环境，幼儿可以凭着自己丰富的想象力去创造各种材料，丰富和积累各种经验，满足交往合作等智能发展的需要，户外设施可以是各种大型玩具，例如废弃物再次利用制造的游戏空间、泡沫制造的城堡、塑料滑梯、软绳等，让幼儿能在参与中获得发展，并与环境快乐地交流，接受环境的刺激与体验，营造利于幼儿健康成长的户外景观环境。

（4）景观丰富的原则

①生态性幼儿园户外景观设计植物的配置，可以改善小气候环境、调节空气湿度和温度、阻挡噪声、降低风速、阻滞尘埃、吸收有毒气体、改善光照条件。公共活动场地周围要以草坪为主，配置以灌、乔木，大型玩具、器械场地栽植落叶乔木，保证夏季浓密防晒遮阳，冬季不挡场地阳光。

②景观性在植物配置方面根据场地功能可采用孤植、行植、片植相结合的灵活种植，绿化布置宜体现儿童特征不拘谨不呆板，营造轻松活泼的氛围。幼儿园植物营造是幼儿户外景观的一项重要内容，幼儿园户外环境营造应充分发挥幼儿园的景观功能，同时也是城乡景观营造的组成部分。它不仅可以美化环境，同时

丰富多彩的植物配置和精致的小品可以激起幼儿的好奇心参与到景观中去，做到春有花、夏有荫。

（5）地域性的原则

由于地理位置不同，气候条件、自然条件、传统文化、风俗习惯等差异，区域幼儿环境的要求也不同，每个幼儿园都应该有自己的特色，幼儿园户外景观营造应将办学特色、地域特点等多种元素与自然景观环境结合起来，因此户外景观环境设计应将文化与自然、共性和个性相结合。

3.幼儿园户外景观营造的建议

曾经看到意大利著名儿童教育家蒙台梭列的观点，她提倡幼儿与自然接触的重要性，但是现代化的建筑空间使得儿童缺乏对大自然的接触，所以营造自然生态的景观环境是非常必要的。如果条件允许的情况下，可以结合场地环境分一块区域种植一些常见的花卉、蔬菜瓜果，举行一些实践活动，让幼儿自己动手，充分体验植物生长的过程。由于幼儿时期抵抗力弱，因此要营造良好的卫生环境，尽可能地避免周围环境的污染，另外户外环境应重视日照、通风的要求，如出现环境污染迹象应及时采取措施。

（三）室外景观的环境设计

1.原则

幼儿在社会中，相对来说是弱势群体，需要我们去指引、帮助和关爱。他们的成长既依靠家长和老师的教育，又依赖环境的刺激和熏陶。幼儿园是儿童生活、学习、成长的重要场所，幼儿园环境对幼儿教育起着极大的作用。目前我国幼儿园环境设计没有引起足够的关注，城市幼儿园很大一部分办得不规范，园内环境单调乏味，基本上还停留在"沙坑+滑梯"的模式，不符合幼儿成长特点；环境空间利用不够充分，环境设计布置只注意室内和墙壁的简单布置，不重视幼儿园环境景观设计的科学性、艺术性；环境空间、色彩、玩具设计更不符合人机工程学。

我们应加强幼儿园环境的景观设计，为儿童的成长创造一个良好的空间。幼儿园建筑环境设计原则是幼儿园环境设计要符合教育规律、幼儿的成长规律及其年龄段所处环境的特点，适应幼儿的年龄、性格、性别的特点。一切以幼儿的需要出发，充分发挥环境景观对幼儿心智行为的影响和教育功能。

安全性是最基本的也是最重要的条件

完整性杜绝片面化和不平衡感，保证大空间的系统化和小空间的完整化，使环境的教育功能最大化，使幼儿园环境对幼儿身心发展产生整体效应。

专业性注重各个空间在幼儿教育中潜移默化的作用，使环境的教育功能不是浮在表面上，而是深入骨子里，使其对幼儿的影响伴随终生。

参与性即幼儿为主体，以幼儿的视角和认识为出发点，实现环境与幼儿之间的互动。强调幼儿的介入，分身心两方面，即行动参与和精神参与。

丰富性穿插作用，多角度立体设置，丰富而不烦琐。

效用性环境服从教育需要，避免为装饰而装饰。充分挖掘环境的综合功能和内在潜能，使所有的细节都符合儿童需要。

表现性通过环境的设置，鼓励和吸引幼儿主动、愉快、自由地参与游戏，给他们充分自我表现的机会，从而使幼儿的创造能力、思维能力、语言表达能力、合作能力等在游戏中得到全面的锻炼和提高。

探索性要鼓励幼儿的自主意识和广泛的探索精神，在活动过程中增加知识和生活常识，提高自信和勇气。

2.风格

幼儿园室外环境与景观设计自然元素是大自然赋予儿童美丽、神奇的玩伴，泥土、沙、水、树木、草叶、花朵、石子、羽毛等都是儿童游戏的材料。另外，自然元素的多样性也赋予儿童玩耍的多样性，因为不同的自然元素和结构特征赋予儿童不同的活动和交往空间。

幼儿园是儿童长身体、长知识的启蒙教育场所。幼儿园园址应在无污染、通风好、日照佳、排水通畅、交通安全方便的地方。幼儿园的环境与景观设计原则是：以回归自然为基调，贯彻安全性、科学性、趣味性和知识性相结合；使用环保建材和保健型树木花草，构建各种充满童趣的活动、休憩空间。给孩子们提供一个快乐、舒适、健康，充满活力、启发想象力的童真乐园。如果用地允许，在停车场与幼儿园入口之间设一块公共用地作为幼儿园的门面和会客场所，家长与儿童在步行往返时可以欣赏景色并停下来做一些游戏，从而促进亲子关系。入口处可设立板报栏，创造一个足够的空间，这将是非常受欢迎的。

把幼儿园与外界环境分隔开来的围墙对幼儿园的环境起到保护作用，具有通透性是满足幼儿需求的围墙。设计围墙凹进可提供交流的空间，不同的围墙凹进形式受天气因素的影响，幼儿的活动会受到限制，同时一些自然元素在实现时也受到了一些限制，但在设计时充分考虑自然元素实现还是非常必要的。

设计定位根据场地现状、建筑各个出口的分布和幼儿园活动的规律，将室外环境分为开放空间和景观空间两大部分，力求对外通过自然的人性风格化，展示幼儿园饱有内涵的形象；对内通过基于童趣本真需求的游戏和场景设置，给园内的幼儿提供充满自然乐趣、提升美好情感的一片乐园。

3. 区域

总区域的划分布局。幼儿园内总体环境设计具体包括：功能分区、出入口设置、建筑物的布置、室外活动场地的布置、绿化与道路的布置、杂物院的布置等。

功能分区根据使用要求，幼儿园用地主要分为4项功能：建筑用地：幼儿生活用房、服务用房、供应用房；游戏场地：幼儿游戏场、戏水池、沙池、种植园、小动物房舍等；道路用地：晒衣场、杂物院等；绿化用地。

各功能分区使用性质在设计上力求明确，避免相互干扰，但使用功能上联系密切的部分要相互连接，注意过渡空间的充分利用。入口位置的设计要充分体现幼儿建筑的特色，接纳行人进入的亲切感，尺度应小巧并宜尽量空透，结合儿童喜好来设计幼儿特色的标志性装饰和设计，但为避免儿童攀登和钻爬，大门、围墙应采取垂直分格的金属栅栏。

4. 地形地面

地形和地面铺设。合理地安排设置树木、花草、小径、小山丘、围栏和水池可以激发孩子们参与到许多有创意的活动中去，充分利用所有能够利用的尺寸和形状来勾勒儿童的游戏区，不同的地势高度对活动区来说都是关键的元素。保留并组合所有自然景观，包括树木、水池及自然的斜坡高低等。

在美化景观过程中，需要在自然区和活动区及设施之间向儿童提供独立的声音和视觉空间，创建独立的私人空间以及在游戏区添加不同的美观的景物。地面铺设，要慎重考虑幼儿安全，注意材料耐久性、无毒无害、不易引起过敏、防滑，在所有的天气状况下都可以使用，同时要美观。

地面材料种类特性本身属于地面型土壤、草地土壤，自然气息浓厚，可塑性强；草地柔软、凉爽，并能很好地调节小气候，其耐践踏的程度和受损后的恢复能力是不同的，不同草种的休眠期不同，且在休眠期内颜色呈黄色。草坪需要更多的养护来维持。软质地的材料树皮碎屑、木屑、细砾、沙子颗粒间的空气发挥缓冲作用，吸水后松软度要降低，容易被风卷走被幼儿鞋底粘带走，要定期更换。硬质地的材料沥青、混凝土、砖头、石板、小圆石平整性强，缓冲差，这类多用于幼儿园道路铺设上，适合玩球类和骑自行人造弹性材料。人造草皮、橡胶板、塑胶地、橡皮砖平整、干净、色彩丰富、可塑性较强，是园内普遍使用的材料。

5.游戏活动场地

（1）明白"玩"的目的，是让他们在游戏中学习，培养他们的探索精神、敢于克服困难的勇气和通过交流而创造一种团队合作的能力。除了以体能游戏为主的器械游戏以外，在这两个人小私密空间、需要运动的空间、多人运动的空间围合出的封闭、半封闭的空间满足不同的活动需求。围合出的不同大小空间自由曲线围合的空间方面要侧重结合景观设置其他体验性游戏、发现性游戏或者创造性游戏等。如设计攀登游戏设施来锻炼儿童的勇气，设置拓展运动训练区，利用原生山林，演绎绿野仙踪童话故事，在这里，孩子们会和稻草人、机器人、胆小的狮子等一些童话角色一起踏上勇者之路，进行山地拓展运动。这样的游戏设施集挑战与趣味于一体，专门针对培养儿童的勇气、智慧、团队合作等精神品格。

（2）在儿童活动区设沙池和水池

没有必要每个地方都有沙池，可以结合年龄阶段做各种游戏设施，合理的运用和布置是一个游戏场地成功的关键。比如利用沙子模拟起伏的沙丘、穿梭的地道，制造迷宫般的穿行效果；设计沙尘中的古城场地为孩子们营造神秘的异域般楼兰风情，体验原始探宝寻宝以及"战斗"游玩乐趣。

（3）植物种植

植物设计在儿童活动环境中非常重要。儿童好奇，好探险。有的时候可以在某些地段密植树丛，在光线上给人黑暗，预示着危险，其实没有危险，对较大的儿童是个强烈的吸引，可以引领他们去探险，从而带来游玩的刺激性。让他们去接触大自然的质感，对他们的成长有利。特型树是指有独特外形的树木，其树干或扭曲，或多瘤节，或缠绕，特殊型植物极易引起儿童对植物的好奇心和浓郁的兴趣，是吸引他们热爱大自然的一种有效手段。最常用的特型树种有龙柳、龙梅、紫藤、凌霄、龙爪槐等。儿童对鲜艳的花朵天生喜爱，花卉的色彩将激发孩子们的情趣，同时也能增加他们对自然、对生活的热爱。有条件的儿童游戏场所可在草地上栽植成片的花丛，或修建小型花坛，尽量做到四季都能看到花朵。此外还可设置植物角，将其设计成以观赏植物的花、叶、果或者闻香味为主要内容的区域，让大自然千姿百态的植物，丰富孩子们的植物学知识，培养他们热爱树木，保护树木、花草的良好习惯。

根据场地选择的特点和自然生态情况，可以开辟以蔬菜水果为重要作物的农作物种植角，种植熟悉的西红柿、草莓、辣椒等小作物培育，把动手和趣味融于一体，专门培养儿童的动手、认知能力等，通过作物的生长过程去认知自然，了解自然。由于儿童年龄偏小，好奇心较强，活泼好动，但缺乏有关植物的科学性知识，且抵抗力较弱，为安全起见，还需特别注意要避免采用如下植物：有刺激性，有异味或引起过敏性反应的植物，如漆树；有毒植物，如夹竹桃；有刺植物易刺伤儿童皮肤和刺破儿童衣服，如刺玫、火棘、凤尾兰、蔷薇等；有过多飞絮的植物如毛白杨等；易生病虫害及结浆果的植物，如葡萄、构骨雌株等。

（4）泥土和水

和人最亲近的就是水和泥土，儿童的游戏环境的设计，与其刻意去创造一个空间，不如利用现有的自然空间。把这个空间加以分割、引导，利用现有的泥土、水体、植物、地形以及其他一些东西，适当地加以分割、组织、引导而使之成为一个可利用的、具有一定安全系数的自然的但又是人工组织的环境，让孩子们可以在这个空间里自由地发挥，而不是一定要放个滑梯非让他们玩滑梯不可，这样就解除了约束性。幼儿园是儿童的乐园，是儿童长身体、长知识的场所。幼儿园设计就需要建筑师处处以童心来思索，设计出融儿童化、美化、教育化、绿化为一体的优良环境空间，为儿童营造充满惊奇和幻想的场所，使幼儿多方面获得有益于身心发展的经验，这是设计师的初衷也是设计灵感的来源。

（四）开展幼儿园种植区活动的策略

在幼儿园的环境教育中，美丽的种植区始终都是班级环境教育中重要的组成部分之一。因为它不仅具有绿化班级，美化环境的作用，同时还蕴含着很大的教育价值。

在当今的都市生活中，孩子们越来越远离大自然。在种植区里进行简单的种植活动，是他们直观感受植物生长过程的良好机会。它不仅能激发孩子们对植物的兴趣，还能学到许多有关植物的科学知识，掌握简单的种植技能，更重要的是能培养孩子的爱心、耐心、责任心以及观察、比较等多方面能力。那么如何利用种植区开展有趣的种植活动，充分发挥其教育作用呢?

有效利用种植区，鼓励孩子自主种植和管理

以往，教师为了让孩子们参与种植区活动，教师都要求他们从家里带一些自己种植的小植物放到班级的种植区里，但是大部分孩子种植的小植物都是由家长代劳的，孩子们是在被动地完成教师布置的任务，对于这个小植物以后的生长状况并不关心。即使有一些做得很好的家长和孩子，在把种下的小植物带到班级后，由于植物的发芽都需要一个过程，孩子的兴趣无法持续很久。加之很多植物放在一起，教师也很难顾及每一株植物的变化，于是经常出现这样一种场景：虽然每个班级的种植区都是郁郁葱葱，但是孩子们却很少真正地去关注，只是教师或班级里个别的孩子管理种植区，没有发挥其教育价值。

为了改变这一现状，我向孩子们提出了一个建议：请孩子在家种一株小植物，并精心照顾它，等它发芽后再拿到幼儿园来，比一比谁的植物长得好。孩子们在争强好胜的心理作用下，都积极地参与了种植活动。为了让自己的孩子种的植物长得最好，家长们责无旁贷地充当了指导者的角色，在家里认真地一对一地指导孩子，极大地激发了孩子对种植的兴趣，同时也掌握了一些简单的种植方法。

由于种植时间以及植物生长速度的不同，孩子们陆陆续续地把植物带到幼儿园来，使孩子们都有机会向别人介绍自己的小植物。实践证明，不仅孩子们爱上了种植区活动，经常到种植区看看植物的变化，家长也充分体会到了种植活动的教育价值。

关注植物的生长变化，帮助孩子获得有益的知识经验

对于这一点，我们过去也有一些很好的经验，如做植物生长记录。但是对于幼儿来说，做植物生长记录还是一件有难度的工作。那么怎样指导孩子完成呢？首先教师要以身作则，为幼儿做榜样。

具体表现为教师要亲自种小植物，还要从孩子的角度审视所提出要求的合理性、适用性。如果教师本身都对种植活动不感兴趣，怎么为孩子做榜样？因此在选择所种植物上，我刻意标新立异，找到一根莴笋，目的是引起孩子们的兴趣。

首先我向孩子们介绍莴笋的名称，并组织幼儿说说它的外形特征，然后让孩子们猜想它以后会长成什么样子？最后请孩子们画下小植物现在的样子和猜想的样子，于是有了第一次的观察记录，全班幼儿都饶有兴趣地参与其中。

通过这次活动，孩子们知道了什么是观察记录，知道了可以用绘画的方式记录植物的生长过程，这极大地调动了孩子自主学习的积极性。为了提高孩子们的

记录水平，我又提出了新要求：学会观察和写生。因为植物的生长速度是不同的，其生长过程中的形态也是不一样的，有一些植物很快就发生变化，有一些植物在生长过程中就没有太多的变化，所以教师决不能为了记录而记录。教师要引导孩子经常观察植物的变化，当发现有变化时再记录。

放大种植活动成果，促使孩子积累有益的生活经验

虽然孩子们种植活动在成人看来很不起眼，但教师要高度关注种植活动，并及时放大这种成果，充分满足孩子们的成就感。当有的孩子种的植物变化快，成为大家观察和讨论的中心时，孩子的内心是充满快乐的；当有的孩子种的蒜苗被剪下来送到食堂成为美味的汤料时，孩子的内心更是充满快乐的。教师千万不要忽略了每一次机会，要及时让每一个孩子都能体会这种快乐，并把它放大再放大。

种植活动是一项需要长期坚持开展的工作，其教育效果也不是一两次活动就能够完全呈现出来的。教师必须把对种植区活动的关注作为一种习惯，抓住这一良好的教育契机，引导孩子们学在其中、乐在其中，并获得一些有益的生活经验。因为这些生活经验的获得，远比孩子们枯燥单调地学习一种知识更为重要，它必将在孩子们美丽的人生画卷中留下最为靓丽的一笔。

（五）沙土区活动

1.农村沙土区活动开发与利用

沙土游戏是通过幼儿的想象，以沙土为基本材料进行建构和构想，通过手的操作及成品创造性地反映对周围事物的印象的一种活动。

与其他各类游戏相比，沙土游戏更具有自主性和创造性，对幼儿的全面发展具有独特的作用。幼儿教师应充分认识沙土游戏在幼儿教育中的地位和作用，利用农村得天独厚的自然条件，开发和利用沙土游戏，促进幼儿发展。玩沙游戏具有随意性强、操作性强、交往性强、游戏结合性强等特点。沙土游戏中，幼儿根据活动目的挑选与目的相适应的材料进行操作，操作过程中认真积极地思索，用语言表达自己看到的、想到的事情，与同伴互相合作、帮助，克服一定困难完成操作任务。沙土流动、可塑的特点，诱发了幼儿的奇妙想象和欲望，幼儿将角色游戏、建构游戏、表演游戏、绘画游戏等与沙土游戏相结合。幼儿玩沙时，以掏、挖、堆等动作展开，这些动作虽然简单，却是一种协调的全身性运动，能全面提高幼儿的运动能力，满足幼儿活泼好动的需求。沙土游戏玩法不固定，没有预设的游戏规则，每个人都会玩。只要进入沙池，幼儿就会全情地投入玩沙游戏当中，人人都在创作，人人都会创造，人人都在游戏中表现自己、发展自己，幼儿的自信心也在游戏中增强。农村蕴藏着丰富的乡土自然资源，教师可以利用随处可见的山、水、石等沙土资源，开展多样、随机的沙土游戏。

废旧物品在我们周围生活中随处可见，教师要有意识地寻找和搜集废旧材料来进行创造和加工，投放到玩沙活动中，激发幼儿积极性，锻炼幼儿想象力、探索能力、感知力和创造力。一次玩沙游戏中，我为中班幼儿提供了纸箱、木棍、轮胎等玩沙材料，幼儿先把纸箱立在沙里，纸箱装满沙之后拍紧，取出纸箱倒模出一个沙堆；然后把木根插在沙堆侧面，在木棍另一端再倒模出一个沙堆，再插木棍倒模沙堆，做出了一列漂亮的火车；火车做好后，幼儿还把轮胎立在沙里，做成火车隧道；最后还玩起了开火车的游戏。幼儿以高涨的兴趣积极地投入整个活动中，活动中幼儿互相协作，以丰富的想象力完成了"火车"作品，获得了劳动成功的满足感。

沙土游戏的种类繁多，大致可以分为：沙画游戏、沙塑游戏、沙地搭建游戏、沙盘游戏等几类。沙画游戏场地随机不受限制，可以在沙池、泥地里，也可以在盒里、盘里；工具多样，如树枝、木棍、筷子等。

沙土游戏特点鲜明、教育功能性强，利用潜在农村资源，创设有利的沙土游戏条件，用生活中的废旧材料，支撑幼儿游戏兴趣及发展创造力。开发沙土游戏种类，提高幼儿动手实践能力，形成健康心理。沙土游戏具有随意性强、操作性强、交往性强、游戏结合性强等特点，有利于幼儿的全面发展。农村幼儿园教师应利用农村得天独厚的自然条件开展沙土游戏。

废旧水彩笔、手指等都能作为沙画工具。沙塑是幼儿非常喜欢的玩沙游戏，幼儿可以利用各种形状的模具、各种瓶、盒倒模出各种形状，加以装饰创设出五彩斑斓的童话世界。沙土游戏中，教师要当好幼儿的参谋和助手，提供适时、适度的帮助，扮演好观察者和合作者的角色。游戏前，教师要根据农村幼儿生活环境，讨论出幼儿感兴趣的沙土游戏主题，游戏时，教师要尊重幼儿的奇思妙想，观察幼儿的材料使用情况，了解幼儿在活动中的需要和表现等游戏行为，游戏中遇到了哪些困难，判断介入时机与方法，协助幼儿推进游戏。沙土游戏使幼儿兴趣需要得到了满足，天性自由表露，积极性、主动性、创造性充分发挥，人格得到健全发展。

"大自然、大社会都是活教材"。幼儿园工作人员要充分积极绘画建设室外景观活动区，充分挖掘农村乡土自然资源开展沙土游戏，制作农村特色沙土玩具。认真观察、有效指导幼儿沙土游戏。

2.在沙土活动中培养幼儿的创造力

儿童喜欢游戏，因为游戏是从儿童内部产生的，是由儿童丰富的想象能力而来的，它是天然的自我表现的活动。因为游戏经常包含着新奇的成分，游戏中的创造性的特点是十分明显的，因此，幼儿的创造力是与幼儿的游戏密不可分的。

玩沙是幼儿进行创造性游戏材料的一种，是我们提供给幼儿最自由、最美好的活动之一。特别是小班的幼儿，从他们自身的心理结构、知识水平而言，沙子能提供触觉的经验，也有宣泄情感的作用，又能让他们自由地构建，对小班的幼儿来讲，具有一定的新颖、独特性，从中能充分表现、激发幼儿的创造力。

幼儿初始入园，许多活动常规并未建立起来。由于各类游戏活动有相应的规则，孩子们很难使自己的内心得到自然的平衡，但到了"玩沙"活动区，情形就完全不同了。幼儿在轻松、欢快的环境下，自由自在地玩沙、铲沙、搅拌、装进、倒出、量量、压扁、用模子倒出形状或插上各种树木、动物等，热衷于"制作"自己想象出来或自己喜欢的东西。这些"让人摆布"的沙，想怎么玩就怎么玩，诱发了幼儿的奇妙想象和欲望，体验了成功的喜悦，满足了他们强烈的好奇心和求知欲。日本筑波大学的学者松原达哉说："3岁儿童的创造力，比起已经失去灵活思维的成年人来，更能产生惊人的结果。"虽然小班幼儿的思维尚处于行动性思维和具体形象思维，但这种思维正是促进发散思维和创造力的前阶段，严格地说是一种创造的潜能，而玩沙活动就是一种培养幼儿创造力的活动。

（1）创设良好的活动环境，为幼儿投放充足、丰富的游戏材料

创造良好的游戏环境是幼儿玩沙活动的基础。玩沙虽是一种幼儿自主资源的活动，但是如果没有适宜于幼儿自主活动和自我表现的环境，幼儿就难以在游戏中获得充分的发展。因此，做好玩沙前的准备工作，为幼儿投放充足、丰富的游戏材料是顺利开展游戏的前提。因此教师应根据幼儿的实际情况强化幼儿的有关生活经验，有意识地引导幼儿观察他们熟悉的街道、公园、动物园等环境，幼儿有关生活越接近、有关的经验越丰富表现就越积极、越主动。更促进幼儿在活动中去发挥、想象、交流、探索。为丰富的幼儿游戏，投放充足材料：如铲子、小桶、小推车等玩沙的工具外，还要为幼儿准备充足的辅助材料，如小树枝、水板、

塑料空瓶、插塑、小动物玩具、小木偶、小汽车，包装盒、旧水彩笔、旧积木、落叶、小树等。另外，我认为在玩沙时，水也是最好的辅助材料。

（2）创设多种游戏形式，激发幼儿参与活动的兴趣

有了良好的活动环境和充足材料，才能顺利开展游戏。小班幼儿对于新颖的、鲜艳的、活动的、多变的、模仿、具体形象的以及能够引起他们兴趣和需要的对象而感兴趣，也为了培养幼儿良好的游戏情感，所以我采取多种形式激发幼儿、感化幼儿——以情境化、故事化等形式引发孩子对游戏主题的理解与兴趣，吸引幼儿的注意力。在活动中，有些孩子怕手脏，不想玩沙，有些孩子，常处在东摸摸、西瞧瞧状态，对任何工具材料都不能坚持摆弄。采用以下手段，激发幼儿参与活动的兴趣。

根据不同班级幼儿的年龄特点，在开展"沙土游戏活动"的，我参与到活动中与幼儿使用同样的工具堆高、挖洞、修路、种树等，使幼儿得以观察、模仿，提高幼儿的兴趣。采用了情景引导的游戏方式，收到了良好的效果。以玩伴的身份，扮演情境游戏中的角色，如在学习挖坑时，光让幼儿拿工具挖来挖去、比较单一，而幼儿兴趣下降，这时我增加游戏的情节，来激发他们的兴趣，如我创设"小鸟找家"的游戏情景，先出示小鸟的图片，引导幼儿帮"小鸟找家"的欲望，并创编了游戏化儿歌：握紧小铲子、用力挖下去、挖个小洞洞、种上一棵小树苗，再用双手压一压。幼儿在儿歌、情境游戏的引领下非常喜欢，积极、主动地帮小鸟挖坑，种树，最后帮小鸟找到了家，孩子们体验了成功的喜悦。幼儿在这样的游戏情境中活动，更提高了孩子们玩沙的兴趣和能力。

在实践中尝试多种游戏形式，也尝试了多种游戏形式的落实。比如，我们组织大带小沙土游戏活动，亲子共玩活动、同龄混班游戏活动等，让孩子通过沙土游戏这个活动载体，增进相互合作，增进感情，鼓励交往，这对幼儿能力发展是一个挑战，同时也使多种游戏思路、方法产生碰撞，激出新异的火花。实践证明，采用多种游戏形式的融合，更提高了孩子们玩沙的兴趣和能力。通过我的实践，如果一个游戏能在每次活动中设计不同的情节，就会给幼儿呈现出新鲜的感觉，使幼儿始终保持浓厚的兴趣参与游戏。

（3）引导、鼓励、尝试，培养幼儿创造思维的有效方法

玩沙对小班幼儿来说有一种发现新事物的乐趣，能满足他们爱摆弄东西以及好奇的心理特点，使幼儿从中表现出他们的创造性，进而在创造中得到愉快，于

是产生更大的兴趣。在活动中，教师更关注幼儿在创造过程中所具备的一些品质：是否大胆地想象、独立地思考，并加以积极地引导和鼓励。充分发挥教师的主导作用，使幼儿有发挥自己积极性、主动性的机会。在玩沙中，他们凭自己内心的想象来创造不同的物体。如他们在挖洞时，一会儿说是湖，一会儿说是小动物的家，一会儿说是脸盆，一会儿又当蛇洞。即使幼儿在模仿其他幼儿的作品时，也会加以想象，创造出自己独特的物体。而幼儿正是在这种活动中得到满足，获得创造的快乐。

　　总之，幼儿园室外景观活动区的建设应联系幼儿的生活，联系社会，发展幼儿动手操作能力，培养创造力以及其他能力。在沙土活动中为幼儿创设良好的活动环境，投放充足材料，丰富的游戏内容为幼儿提供创新的平台；教师在观察、引导、鼓励、尝试的过程中，创造出自己独特的物体，使幼儿获得创造的快乐。认真贯彻执行新《纲要》的精神，用新的教育观念来指导我们的实际工作，真正做到"尊重幼儿"，将儿童自主创新能力的培养贯穿于教育的全过程，珍惜幼儿创造性思维的火花，我们的孩子一定能成为独立自主的创造性人才。

　　3.经典沙土活动

　　活动目标：

　　（1）尝试运用多种工具装运沙子，体验干沙流动的特点。

　　（2）在装沙、玩沙的过程中，感知多少、大小。

　　（3）体验科学探究的乐趣。

　　活动准备：

　　（1）经验准备

　　教师和幼儿共同讨论、搜集装运沙子的工具，共同制作装沙子需要的工具，如引导幼儿用可乐瓶共同制作铲沙的铲子、小碗、杯子，寻找小车等。

　　（2）物质准备

　　有孔的工具：漏勺、漏筐、漏斗等。

　　无孔的工具：大小两种铲子、碗、桶、杯等。

　　小车、小船、幼儿盛材料的塑料筐。

　　（3）环境创设

　　问题墙："你认为哪些工具可以很好地装沙子？"

　　幼儿用绘画的形式将自己搜集制作的装沙子的工具记录下来，放在墙饰上做集体记录。

活动过程：

谈话引发兴趣。

教师：幼儿园的沙池里有很多小朋友玩时，我们也想玩沙，怎么办？

教师：你想用什么工具装沙子，做一个新沙池？

认识工具，尝试操作。

（1）出示幼儿搜集和自制的装沙工具。每个幼儿一个装沙工具的筐子，其中有带孔的和不带孔的工具，不带孔的工具中又有大容器和小容器。每个幼儿还有一个盛沙子用的同等大小的塑料筐。

（2）引导幼儿充分尝试每一样工具，充分体验每样工具装沙子的特点。

（3）请幼儿将漏沙和不漏沙的玩具进行分类。

（4）引导幼儿继续装沙子，体验工具的大小与装沙子的多少有什么关系。

经验共享，分类提升：

（1）请幼儿用小推车将装满沙子的塑料筐推到小船边，把沙子倒入小船，做成沙箱。

（2）集体讨论。

（3）引导幼儿将工具按大小或搬运沙子的多少进行分类。

活动延伸：

活动后，教师引导幼儿将搬运沙子既多又快的工具用绘画的形式记录下来，放在墙饰"这些工具装沙子既多又快"的集体记录中。同时，教师可引导幼儿对照前期的搜集和猜想，使幼儿在亲自探索中建立大小、多少的科学概念。

活动评析：

（1）活动内容的选择来源于幼儿平时生活中出现的问题，并且是幼儿感兴趣的。

装沙子活动来源于孩子们渴望玩沙子而空间不够的实际情况。因为幼儿以往有把水装入小船中玩水的经验，所以当他们遇到没有沙池玩沙时，就把以往装水的经验迁移到玩沙游戏中，提出要将沙子装进小船，建一个新沙箱的要求。老师满足了他们的要求并把它拓展为一个有意义的探究活动，既尊重了幼儿的意愿，又对他们进行了有效的教育。

（2）活动是在分析幼儿已有经验的基础上，引发幼儿对周围世界和事物变化的好奇心。

在引导幼儿玩沙中感知沙的特性，体验事物简单量的关系。教师在了解幼儿已有经验的基础上确立了相应的目标，就使得活动"有的放矢"，适应了幼儿的发展要求。

（3）提供了富有结构性的游戏材料，在引导幼儿对周围世界及变化规律的同时，也能使不同能力的幼儿在原有水平上获得发展。

第五章

幼儿园的危机管理意识

第一节　幼儿园危机现象面面观

（一）集体生活的危机

幼儿园是幼儿集体生活的场所，是对家庭个体式照料的颠覆。这一颠覆是迫于妇女走出家庭参加工作的需要，是对家庭中参差不齐的早期教育质量的全方位统一。

幼儿来到幼儿园，过起了人生最初的集体生活。很多搞不明白为什么出去玩还得一个跟着一个走……幼儿园的集体生活，对每个孩子都是挑战。

（二）探索世界中隐藏的问题

好奇、好动是幼儿的天性。他们对未知的新奇东西都要探究；他们精力充沛，如同小鸟一样飞来飞去。幼儿和年长的学生在注意力方面有很大的区别。室内、户外，幼儿每天的"动"占据了生活的很多时间。直觉形象思维也要求在教学活动中让他们运用多种感官去感受。

（三）游戏活动中的伤害

幼儿园环境中有大量教学、生活用品，有大型户外玩具设施和色彩鲜艳、富有吸引力的小型玩具。缤纷的玩具世界，在玩具质量、玩具摆放等管理环节稍有不慎，可能对孩子产生致命的伤害。

（四）卫生安全中的隐患

在幼儿园生活中，幼儿间、幼儿和老师间的接触是密切的。在幼儿园群体生活中，卫生、晨午晚检显得非常重要。在人口密度相对较大的班级，传染病交叉感染的防范成为保障幼儿身体健康的重要控制因素，流行病与传染病也就成了威胁极大的危险因素。

（五）教师管理中的人员矛盾与流失

幼儿园教师队伍由女性构成，在人们心目中，女性意味着母爱。女性的细致、攻击性弱，是人们放心地将孩子托付给她们的基础。随着师幼比差距的急剧上升，教师中也出现了很多导致幼儿园发生危机的情况。

（六）商业化运作中丢失的信誉

现代社会中，幼儿园不再是为职工解决后顾之忧。过去的熟人链带来的安全系数已经荡然无存。幼儿园的生源分布已经随着交通的便捷从城市的一端拓展到另一端。

在社会变革的大潮中，幼儿园的管理不断地发生变革。变革既有积极的一面，也有因失去规范带来的负面影响。作为社会关系链中的一个点，社会变迁引发的失去规范导致的公共危害也波及了幼儿园。

（七）闭门办园，消极应对媒体陷入被动

教育是当前老百姓最为关注的热点问题之一。幼儿园的工作与家庭的生活紧密相连。出现工作失误，会通过多条途径传播出去，在媒体的聚焦下，形成具有社会影响力的社会事件。

第二节　幼儿园危机与危机管理

一、幼儿园危机概述

（一）幼儿园危机的概念

什么是幼儿园危机？幼儿园是有机的组织，正常运行需内外环境各要素的相互协调，确保幼儿园组织及其成员的利益不受到损害。如果系统相关利益受到损害，意味着幼儿园正面临危机。

幼儿园危机：发生在幼儿园内或与幼儿园有关，由幼儿园内外因素引起的，严重损害或可能严重损害幼儿园组织功能及成员利益的突发事件或演变趋向。

（1）幼儿园危机事件：发生在幼儿园内或与幼儿园有关，干扰幼儿园正常运行的，损害幼儿园组织功能的。

（2）幼儿园危机状态：发生在幼儿园内或与幼儿园有关，可能严重损害幼儿园组织功能及成员利益的演变趋向。

（二）相关概念辨析

1.幼儿园危机≠幼儿园安全事故

很多人一谈到幼儿园危机，会联想到在幼儿园发生的安全事故，将二者等同。安全事故——发生在幼儿园内，对教师、幼儿可能带来的人身伤害事故。幼儿园发生的安全事故，仅是较为凸显的导致发生危机的因素之一。发生在幼儿园管理工作中的矛盾，以及始料不及的外界突发事件影响等，可能导致幼儿园危机的发生。

目前幼儿园管理中，"安全第一"非常普遍，管理意识关注到了安全对幼儿发展及幼儿园生存的重要性。仅仅关注安全事故是不够的，要确保幼儿园的可持续发展，需将"安全第一"的狭窄观念扩展到"防范危机"的层面。

2.幼儿园危机突发事件

突发事件：突然发生、需要采取应急处置措施予以应对的自然灾害和校园安全事件等。

幼儿园突发事件数量种类繁多，但不是每个突然发生的事件都会构成危机。只有对幼儿园组织利益构成损害的突发事件，才可能引发幼儿园危机。从危机形成的角度来看，危机的发生有一个过程，有时是潜伏的危机状态最后的爆发阶段：从危机的预防看，危机的应对包括预防制度的建立、危机管理小组的成立等体系。

（三）幼儿园危机的特点

1.破坏性

定义中指出的"严重损害"，是强调危机之"危"，危机的发生给幼儿园带来各种损害。

对于幼儿园而言，危机爆发后，会破坏幼儿园当前正常的工作，而且会破坏幼儿园可持续发展的基础，造成教学设备等幼儿园财物的损失，导致人员的伤亡等。它需要决策者在短时间内做出决策，降低损害和转化危机。

2.持续性

幼儿园危机的持续性表现：危机事件或状态的持续性，危机常表现为突发事件，但危机事件或状态是动态的连续过程，会持续很长时间；危机的影响具有持续性，尽管危机事件或状态已经消除，但产生的隐性的影响会持续很长时间。

3.多元性

危机界定中的"利益"不能理解为好处，它是广义的概念：幼儿园组织的各种需要的外在条件。对于幼儿园成员个体来说，利益——物质利益、精神利益，包括生命本身；对于幼儿园组织，利益指幼儿园生存和可持续发展的各种条件。这体现了危机的多元性特征。

4.传播性

幼儿园危机的传播性是指一个危机事件经常会导致另一个危机事件的发生，甚至还可能从一个幼儿园传递和扩散到其他许多幼儿园。这就是说，一方面，一个已发生的危机事件，既是"前因之果"，也是"后果之因"，它对内对外都会产生一系列的影响；幼儿园危机还会不断传播，它从一所幼儿园扩散到另一所幼儿园。因此不能把幼儿园危机限定为"幼儿园内发生的危机"。

5.主客体性

"幼儿园内外因素"包括人为的因素，也包括非人为的因素，更多地侧重于探讨人为因素。幼儿园师生既是引发危机的可能主体，更是危机危害所涉及的客体。

6.突发性

危机发生前的量变过程不为人们所注意，事物原有的发展格局突然被打乱，使人感觉非常突然。危机中的混乱局面使人们既得利益丧失或可能丧失，人们面临全新的环境，会有强烈的希望回到原来状态的心理，感觉到危机是突发性的。

7.潜伏性

大多危机有从量变到质变的过程，具有潜伏性。导致危机发生的各种诱因会逐渐积累，危机表现出一些征兆，预示着危机即将来临。在幼儿园运转顺利的情况下，管理层容易忽视已出现的危机征兆。

8.可转化性

"可能"强调的是"机"，危机中不仅带来危险，也可能带来转机和机遇。

"可能"，是对事情发生的推测，意味着幼儿园管理者面对危机并不是无计可施。危机在给幼儿园带来损失的同时，也带来了建设的契机，对危机的成功转化会向更加健康的方向发展。危害性和建设性并存的特点提醒我们看待幼儿园危机时，不能只看到消极的一面，要积极地向建设性的方向去转化。

二、幼儿园危机管理概述

（一）幼儿园危机管理的概念与辨析

危机管理就是针对危机情境所做的管理措施及应对策略。

幼儿园危机管理：幼儿园管理者根据危机管理制度和计划对危机进行预防、恢复的策略应对过程，是幼儿园管理的重要组成部分。

幼儿园管理——幼儿园的日常管理，出发点是确保幼儿园工作的正常开展，对于可能出现的事故等考虑不多，强调"如何做是可以避免的"。幼儿园危机管理从幼儿园管理的各环节中可能出现的危机出发，承认危机的可能性，提出预防计划、评估与心理危机干预计划。相对于幼儿园日常管理的"确保幼儿园正常运转"，幼儿园危机管理是幼儿园存在与发展的保护屏障。

（二）幼儿园危机管理的特点

1.全程性

幼儿园危机管理不仅是危机发生时对危机事件的处理。对危机的管理更重要的是需要全程管理的思维。可以把危机管理活动分为危机预防、应对和恢复三个阶段。

2.全员性

全体师生、家长乃至社区也要参与到危机管理中来。危机虽主要是幼儿园管理者的责任，但幼儿园危机管理的主体不仅仅是幼儿园的直接管理者，还包括幼儿园间接的管理者，同时也包括幼儿园的其他利益相关者。在危机防范和应对中，参与者往往起着决定性作用。

3.全面性

管理者要对自身状况有全面认识，考虑多方利益，争取公安、行政部门参与到危机管理与防范中来。创建和谐安全平稳发展的幼儿园为危机管理的根本导向，寻找应对危机乃可持续发展的最佳平衡点。

（三）幼儿园危机管理的原则

1.生命安全第一位原则

幼儿园危机管理的目标：保护和保障幼儿生命安全，是世界各国处理幼儿园突发事件的基本理念。原则要求摒弃鼓励幼儿"忘我"地进入危险场地的习惯想法和做法。

2.快速反应原则

危机的重要特点是突发性和不确定性。在短暂的时间内及时做出反应。快速反应要求幼儿园领导和教职工在幼儿园危机事件发生后，在第一时间利用最小的代价实现危机事件的顺利解决。危机可能导致的破坏性和负面影响，要按照危机管理预案启动应对机制。只有尽可能地利用时间与应对间的时间段才能把危机事件带来的影响降到最低。

3.事先预防制度化原则

幼儿园对可能发生的灾难事件，应在总结经验教训基础上，制定出综合预防和应对措施来。对于较容易定性的主要灾难事件，应当做出具体的应对预案。对于预防、应对、恢复正常秩序，预案中都要设计出具体举措。很多平时看起来并没有太大意义的演练，一旦事故发生却能挽救许多生命。提高师生防灾、减灾和保护生命健康安全的意识和基本技能，对于应对突发事件至关重要。

4.教育性原则

在幼儿园危机管理的过程中，绝不应仅针对当前的危机。吸取危机形成的教训、总结危机管理过程中的经验，预防危机的发生，应成为危机管理的应有之义。作为教育机构，幼儿园的主要职责在于传递人类的文明和智慧。通过危机管理，让幼儿获得相应的经验，成为幼儿园危机管理的一项内容。危机管理应该坚持教育性原则，让所有的相关人员能够从危机的形成、恢复过程中获益。

5.发展性原则

幼儿园危机管理还应秉持发展性原则，寻求危机可能带来的机遇，实现幼儿园的发展。幼儿园管理者在危机管理的过程中，应从幼儿园作为组织的长远发展着眼，必要时可以牺牲当前短暂利益的代价谋求更为长远的可持续发展。

第三节　危机管理：幼儿园管理的新课题

一、边缘化的幼儿园危机管理

（一）危机意识不强

"居安思危"是古人对我们的提醒，但人们在传统文化中的心理更倾向于谈论美好的愿景。在民间，喜欢考虑并说出自己顾虑的人，被称为"乌鸦嘴"。

在幼儿园管理中，除了因文化因素产生的对危机回避外，危机意识不强：对幼儿园可能发生的危机缺乏主动思考，在各种活动安排中，缺少应对危机预防的环节设计；在对各个部门、人员的管理中，很少有专门从危机的视角进行梳理的。

幼儿园危机管理意识不强与自身发展关注的焦点有很大的关系。目前大家的关注点几乎都集中在扩大生源、提高教学水平等方面。危机若不发生，是很难让管理者在上面分配宝贵的时间和财力的。

（二）危机预防与应对能力薄弱

1.幼儿的安全教育缺乏系统性

由于幼儿自身的年龄特点，对危机的认识能力与应对能力都比较弱，往往容易出现安全事故。幼儿应对危险的能力是可以培养的。通过课程设计，幼儿可学会基本的自我保护技能。

2.教职工的危机应对职责淡化

幼儿园的事务是非常琐碎的。对教师来说，组织好教学活动可能是所有任务的重中之重。教学对教师来说是看家本事。教师的管理几乎让"评课"所替代。危机情况下班级应对能力的训练与组织基本不在教师的考虑之中。

3.危机管理方案和演习常常出现空白

幼儿园有规章制度、安全制度，但常是一纸空文，其中的条款很难在现实中兑现。面对可能出现的危机，幼儿园管理者很少能够拿出可行的危机管理方案。

4.危机应对能力差

分析近几年幼儿园发生的重大安全事故，表现为幼儿园在危机发生时，缺乏相应的职能机构应对各种情况和向各方面发布信息。一旦危机发生，相关人员多数表现出缺乏必要的应对技巧。

5.危机干预策略缺乏有效性

当危机发生后，幼儿园管理人员非常惧怕面对危机带来的后果；对在危机中受到伤害的家庭和幼儿，缺少专门的人员和有效干预手段。

二、转型期幼儿园凸显危机管理之重要

1.社会中的失范行为给幼儿园带来的威胁

发生在幼儿园的危机，很大部分是幼儿园以外的人员造成的。如精神病患者闯入幼儿园；个人之间的债务纠纷导致债权人冒充家长挟持幼儿作为人质……

2.幼儿园开办者的低素质引发的不恰当教育行为

民办幼儿园数量急剧上升。这是对目前公办学前教育机构供不应求的补偿。不少民办机构的管理者缺乏基础知识；有的将办园等同于办公司，目的是盈利。投入设备的质量有很多是不过关的；招聘的教师有很多是没有学前教育经验的。企业化管理的模式，会导致教师的流失，让家长感到不信任。稍有事故发生，可能导致家长强烈的对立情绪。

3.教师聘用制的短期行为，导致责任感下降

对幼儿园的改革策略中，又让教师心不稳，大批年轻的新老师只能采用聘用制。聘用制在提高人才流动方面起到了积极作用，但不能忽视教师的流动性太大，导致出现短期行为，这些都是危机发生的隐患。

4.社会诚信度降低波及幼儿园产生事故隐患

无处不在的假冒伪劣产品，幼儿园间恶性竞争所产生的挖人才等行为……这些都加大了危机防御的难度。

5.社会不安全因素增多

不安全因素很多，如交通的拥挤等。幼儿园作为社会运行链中的一环，面对这些因素；要辨别不安全因素也是现在幼儿园危机管理的重要组成部分。

6.教师心理问题激增

在社会变革不断深化的时期，人的心理负荷会增加。没有得到很好地疏导，易导致行为偏差。幼儿教师职业地位的下降、收入的减少，都会给教师带来很大压力。

三、幼儿园危机管理成为幼儿园管理面对的新问题

幼儿园管理中对危机的忽视及现实社会中危机源的激增，使幼儿园危机现象严重干扰幼儿园正常运行的重要因素。幼儿园管理者要提高危机管理的意识，在安排工作的各个环节中将危机作为重要的因素进行思考。

第四节　幼儿园危机管理的关键点

一、强化危机意识

（一）危机意识薄弱有因可循

原因：

教学在幼儿园管理中的重要牵制着管理者的视线。由于幼儿园市场化运作把幼儿园管理者推入市场，危机管理越发成为"万不得已"而为之的事务。

老教师的职业倦怠、幼儿园工作的烦琐问题没有有效地解决，还因某些一味追求赢利、压缩人员配备的管理者而越发严重，导致教师无暇顾及危机的预防。

幼教工作者的危机教育不足。只设置了普通管理的课程，危机部分篇幅微乎其微；之后的培训多数侧重于新理念，园长培训也多集中在学习特色办园上。

幼儿园管理者观念中的安全与危机意识错误对立现象严重。各幼儿园在生源竞争中，把安全保障作为重要的条件。幼儿园偏向于向家长承诺有哪些安全措施，而很少会谈论幼儿园可能会遇到什么危险问题。

（二）管理者需要提升幼儿园整体危机意识水平

1.常念"危机管理"经

危机教育不是遭遇大事故时大家才想到或谈起的事情，幼儿园管理者要把危机教育作为常规落实。

幼儿园管理者应建构立体式的信息传达系统，这是来自管理层提出的危机管理要求；也可以请家长参与交流他们所关注的幼儿园危机点；还可以与消防等部门密切合作，提升幼儿园全体人员的危机防范意识。

2.危机管理人人有责

提升幼儿园全体人员的危机意识，需让每个人都意识到自己在危机中的巨大责任。幼儿个体要有"危险来了，我会如何做"等意识；保教人员要认识到班级的安全防范是日常工作的重要部分；家长要意识到"自己这样做对幼儿园的安全管理是否带来了不便"。

（三）需要自问："这样做有危险吗？"

幼儿园的很多事故都是在一念之差中产生的，如有的教师忘了带教具，孩子途中发生摔伤事故；有的家长把孩子送到幼儿园就急忙上班，没想到孩子会被物品吸引，擅自溜到大街上去……

幼儿园的保教人员以及家长，要培养起自我反省的意识。当采取行动时，需要问一问自己："这样做有危险吗？"

（四）必须反思

幼儿园的生活是有规律的，有时保教人员觉得工作非常顺利，而有时候觉得糟糕。感到很糟糕时："为什么会发生这么糟的事情？"目的是要警惕危机的产生：自己的情绪是否影响了工作？节奏安排是否不妥，导致幼儿过度兴奋而难以入睡？确定后要及时加以调整。

（五）告诉家长：幼儿园的安全靠大家

很多家长认为孩子在幼儿园里就是安全的，幼儿园能够提供保障。保障幼儿的安全是所有保教人员的努力目标，但安全保障还需要家长的积极配合。要通过家长学校等活动形式让家长认识到的。

二、建立危机管理小组

（一）危机管理小组的基本结构

为使相关人员在危机事故发生时各司其职，幼儿园可组建危机管理工作小组。人员包括：

（1）总负责人：由园长担任。负责危机管理总体设计、主要决策及全程监控等。

（2）助理负责人：由副园长担任。在园长缺席下，负责全园的危机管理指挥工作。

（3）后勤人员：由幼儿园后勤主任担任。保证应对各种危机的用品齐全、放置合理；定期进行危机评估检查。

（4）医护人员：由保健医生担任。保持与所属医疗机构以及防疫部门的联系，及时上报幼儿园出现的疫情。能够在危机发生时，对受伤幼儿的伤势进行检查、诊断，做出恰当的处理。

（5）联络员：有良好沟通能力的教师或行政人员担任。注意保持与家长、相关部门的沟通联络。当危机发生时，确保信息在园内及园外通过"信息树"得到传达。

（6）新闻发言人：由有良好沟通能力、富有经验的园领导担任。多数由副园长或值日园长担任。

（7）小组长：由年级组长或带班教师担任。危机发生时，带领幼儿应对危机，减小损害；之后，做好恢复工作。

（8）顾问：家长顾问由家长委员会主任担任，提供建议与帮助幼儿园处理相关事宜；法律顾问聘请富有经验的专家，提供日常的法律咨询。

（9）心理辅导员：由受过培训的专业人员担任。

幼儿园危机管理是全员性的管理活动，除了组建危机管理小组外，必须培养每位教师的危机管理意识和责任意识。对保教人员在危机预防和发生时的职责要有细致的规定。

（二）危机管理小组的职责

（1）找出幼儿园潜在的危机。可发动全园教职工及家长通过问卷调查等形式，找出幼儿园潜在危机，找出最严重、最急需解决的问题。

（2）找出危机解决方法。征集重大危机解决方案后，对方案进行汇总、合并、归类、简化。

（3）制订行动方案。尽可能根据征集的解决方法，制订行动方案。

三、设计系列危机管理计划

（一）幼儿园危机管理中，需制订危机管理计划

大型活动：庆典活动、亲子活动、开放活动等；

灾难性事件：火灾、爆炸、地震等；

食品卫生：食物中毒等；

幼儿意外伤害：割伤、骨折、溺水、毒虫叮咬、中毒等；

突发事件：暴力侵犯、员工冲突、幼儿走失、死亡等；

健康问题：传染病、突发疾病、惊厥、休克；

交通问题：校车接送等。

（二）危机管理计划制订的要素

（1）明确相关工作人员职责。

（2）排查可能遇到的不安全因素。

（3）确保有措施去排除不安全因素。

（4）危机发生时，确保有联络人报告。

（5）危机管理负责人向小组成员分派专门的任务。

（6）确保需要时可通过幼儿园的广播等设备将信息传达到每一个场所。

（7）准备幼儿园空间示意图，清楚地标注出全园所有电话的位置。

（8）准备突发事件"工具箱"，并放在便于拿取的位置。

（9）确定对外联系人员以及需要联系的人员。

（10）确定不能获得外界援助时的措施。

（11）确定专人负责危机事件的善后工作。

四、临危不乱，快速应对危机

（一）危机来临我们要做什么

（1）在第一时间危机管理小组成员赶赴现场。

（2）启动相关危机管理应急方案，由管理小组组长根据情况进行调整、确定：确定危机处理的目标；选择危机处理的策略；明确危机沟通的对象、策略；确保危机处理所必需的人、财、物支持等。

（3）实施应急方案时，本着幼儿生命第一的原则，采取可以采取的积极措施，减少危机事件的伤害程度。

（二）危机来临需要注意避免

1.糊里糊涂，不明就里

危机发生时，幼儿园管理者应有清醒的认识，辨别出危机所在，清楚地查明危机的来源，对危机事件有一个整体把握，才能够做出判断和决策。

2.犹豫不决，延误时机

危机事件发生时，时间就是生命。幼儿园管理者要避免举棋不定。考虑将危机的影响降低到最低限度，是作为衡量决策的重要依据。

3.遮遮掩掩，弄巧成拙

幼儿园管理者要从大局出发，从维护幼儿的利益出发，表达挽救危机的决心与努力，主动承认问题，并积极纠正错误。

（三）要做到临危不乱

危机发生后，管理者和教职工群体会有很大的情绪波动；不恰当的心理倾向会加剧危机的不良后果。幼儿园管理者在危机发生后，需要努力克服：

（1）危机发生后，不敢面对事实，采取躲避的态度。

（2）为了幼儿园的"声誉"，忍气吞声地把不该承担的责任也承担下来。

（3）对内和对外均宣称没有发生任何危机事件。

（4）不去主动发布准确的信息，以为封锁消息，事态就会平静下来。

（5）自认为自己的做法是正确的，不顾现实情况的变化。

（6）以为不用多解释，人人都和自己一样了解真相。

（7）害怕承担责任，急于摆脱干系，极不利于解决问题。

（8）对危机事件的后果感到害怕，决定以后一律回避相关活动。

（四）真诚而又灵活地进行沟通

1.关键期，园方发言人需出面

危机刚刚发生时是最关键的。所有媒体都在努力为报道寻找素材，幼儿园内部知情家长也会起到信息传达的作用，获得有关自己孩子所在园的危机事件情况。严重时他们甚至会采取转园的措施，极易引发群体跟随行为。园方需派出专门人员就危机事件发表声明。

2.内部先通报，使得对外信息保持一致

当信息量不足时，媒体或公众会向有关联的人员寻求信息，教职工成为首选。要确保对外信息一致，需要幼儿园管理者在教职工群体中明确强化相关信息。在处理过程中，需采取有效的措施，如内部通报等方法。

3.园长不要轻易发言

当危机事件发生后，外界媒体往往要求园长出面接受采访。但一旦园长表态以后，有些未经慎重考虑的许诺或判断也就成为不容变更的事实，因此需要设置类似值班园长这个灵活的岗位，赋予确定的公关人员可信赖的身份，加重公关人员说话的分量。

4.不要因讨好媒体而过度承诺

有的公关人员急于平息公众的愤怒，对媒体或公众提出的一些条件，有的害怕再引起事端，显示自己的大度，不为自己辩护。这会把幼儿园推向财务、信誉等危机。

5.不要将媒体、公众和家长当成对手

沟通时，要表明诚信、合作的态度，不要摆出防御的姿态，这样很容易将对方推到对立面。

6.诚恳、诚信，同时也要灵活

危机发生时，公关人员不能刻意隐瞒，既然站出来说话，就要说明真相。无论何种危机事件，都要表明保护幼儿的生命的第一原则。诚信并不意味着掏心掏肺，对假设性的问题、猜测性问题，应有礼貌地拒绝。

五、开展心理恢复工作

（一）教师、园长个人和团队的心理恢复

教师、园长在幼儿园并不时时都是强者。危机事件后，注意力集中在受害的幼儿身上，对教师、园长，人们很少关注；即使关注，也是站在审视的立场。他们经常无辜地被咒骂。即使要承担责任的老师、园长，内心已经很愧疚，还要面对家长的指责和社会舆论的压力，很容易出现心理问题。对于在危机事件中的教师、园长，幼儿园群体要多给予心理上的安慰，提醒家庭应给予他们关怀和支持。如果他们的行为、言谈出现异常，要及时与专业心理辅导机构联系，请求专业人员的帮助。

危机事件给全园教职工带来的消极影响，需要园长或相关领导与教职工积极沟通，说明幼儿园发展的积极愿景，用真诚去打动每一位教职工。

（二）受伤害幼儿的心理危机干预

幼儿心理危机干预是处理幼儿心理危机的活动。运用心理学、社会学等原理与技术，对心理处于危机状态的个体给予援助；是积极主动的影响心理的运作过程，减轻危机的负面影响，帮助幼儿摆脱心理困境。

（三）制订恢复计划并选择合适人员实施计划

幼儿园中需要配备受过心理咨询培训的教师，当危机事件发生后，由心理咨询教师对幼儿进行诊断。了解事件性质与程度、幼儿行为表现等，综合分析幼儿心理，制订恢复计划。

制订计划时需要回答：幼儿可能在心理上遭遇何种危机？幼儿园的心理干预能力是否有可能解决？妨碍干预效果的因素有哪些？采用什么技术或方法能在最短的时间内达到效果？如何在最短的时间内获得所需专家的帮助？

（四）对教师开展心理危机干预技巧培训

（1）获取与危机有关的各种事实，用适合幼儿年龄和认知水平的方式准确向幼儿解释发生了什么。

（2）保持对自我情绪的控制，积极为幼儿做出榜样，允许和引导幼儿用各种方式表达他们正在经历的感觉。

（3）对幼儿进行如何面对危机的教育，帮助幼儿意识到曾熟悉的环境已经受到威胁。可以向幼儿提出告诫，告诉他们正在接受如何有效地处理危机问题的训练。

（4）当自己难于发挥功能来适应本班幼儿时，可申请由其他工作人员暂时接替，但应做到始终和自己班的孩子在一起。

（5）给幼儿提供用语言等方式表达感觉的机会。当幼儿讨论感觉时，要以同理心和心理支持的方式对待，要表达对幼儿的各种反应的理解。

（6）根据幼儿表现，判断其是否需要接受专业性帮助。

（五）帮助幼儿建立积极的危机心理防御机制

（1）自然灾害多发地区的幼儿园应针对年龄特点，向他们介绍有关自然灾害的知识，指导掌握抵御灾害的本领。

（2）利用主题教育活动等形式教会幼儿在火灾、暴力事件中保护自己。

（3）坚持开展生命教育和耐挫教育，不断提高心理耐受力。

（六）加强与家长及社会各界的沟通、联系

（1）请家长介入幼儿心理防御机制的建立并为孩子做表率。

（2）与高校心理专家建立长期合作关系。开展心理专家学者对幼儿园教师的培训，既把大学里的专业理念等带到老师中间，又把孩子心理方面的现象带去做研究样本，从影响教师入手，到影响孩子。

参考文献

[1] 周三多，陈传明，鲁明泓.管理学：原理与方法[M].上海：复旦大学出版社，2009.

[2] 吴志宏，冯大鸣，周嘉方.新编教育管理学[M].上海：华东师范大学出版社，2010.

[3] 吕莹，陈冰.幼儿园总务管理[M].长春：吉林大学出版社，2016.

[4] 张燕.学前教育管理学[M].北京：北京师范大学出版社，2009.

[5] 张燕，邢利娅.幼儿园组织与管理[M].北京：北京师范大学出版社，2001.

[6] 王普华.幼儿园管理[M].北京：高等教育出版社，2008.

[7] 曲玉霞.幼儿园经营与管理[M].北京：科学出版社，2007.

[8] 杜燕红.学前教育管理学[M].郑州：郑州大学出版社，2012.

[9] 谢秀丽.幼儿园工作管理[M].北京：高等教育出版社，2008.

[10] 蒲蕊.教育行政学[M].北京：中国人民大学出版社，2008.

[11] 吕进.一生要看的管理寓言[M].北京：中国工人出版社，2005.

[12] 周三多.管理学[M].北京：高等教育出版社，2000.

[13] 斯蒂芬·P·罗宾斯.管理学原理与实践[M].北京：机械工业出版社，2014.

[14] 郑子莹，卢雄.学前教育组织与管理[M].成都：西南交通大学出版社，2016.

[15] 蒲蕊.教育行政学[M].北京：中国人民大学出版社，2008.

[16] 史万兵.教育行政管理[M].北京：教育科学出版社，2005.

[17] 中国学前教育发展战略研究课题组.中国学前教育发展战略研究[M].北京：教育科学出版社，2010.

[18] 陈群.幼儿园危机管理实务[M].北京：中国轻工业出版社，2009.

[19] 杨晓萍，李静.学前教育学[M].重庆：西南师范大学出版社，2011.

[20] 萧宗六，贺乐凡.中国教育行政学[M].北京：人民教育出版社，2008.

[21] 杨莉君.学前教育政策法规概论[M].长沙：湖南师范大学出版社，2011.

[23]　王相荣.幼儿教育政策与法规[M].北京：新时代出版社，2008.

[24]　屈玉霞.幼儿园经营与管理[M].北京：科学出版社，2012.

[25]　秦明华，张欣.幼儿园组织与管理[M].上海：复旦大学出版社，2010.

[26]　王晖晖，李晶.幼儿园管理[M].北京：北京理工大学出版社，2011.

[27]　刑利娅.幼儿园管理[M].北京：高等教育出版社，2012.

[28]　霍力岩.学前教育评价[M].北京：北京师范大学出版社，2013.

[29]　金娣，王刚.教育评价与测量[M].北京：教育科学出版社，2005.

[30]　吴邵萍.家园共同体的构建——幼儿园家长工作的方法与策略[M].北京：教育科学出版社，2011.

[31]　周天枢，严凤英，幼儿园100个法律问题[M].广州：新世纪出版社，2011.

[32]　线亚威.幼儿园文化建设指导策略[M].北京：高等教育出版社，2011.